日本人なら知っておきたい神道

神道から日本の歴史を読む方法

Takemitsu Makoto
武光 誠

KAWADE夢新書

装幀◉こやまたかこ
本文イラスト◉瀬川尚志

〝神道〟を知っていますか——まえがき

ビルディングや家が立ち並び、広い道路にクルマが列をなして走る都会の風景。ひどく落ちつかないこんな景色のなかにも、ほっと心休らぐ空間を見つけることができる。青々とした木々にかこまれた社《やしろ》だ。現在、全国にある神社の数は約一二万ともいわれる。子どものころ、神社の境内《けいだい》で遊んだ人も多いだろう。夏祭りや初詣《もうで》での晴れやかで厳《おごそ》かな雰囲気のなかで、ふと神妙な気持ちになるという人もあろう。

神社はいうまでもなく、神がまつられた場所である。では、神とはなにか。この問いに明確に答えられる人は少ない。しかし、私たちは、事あるごとに神に祈る。天神《てんじん》、八幡《はちまん》、稲荷《いなり》…「八百万《やおよろず》の神の国」といわれるだけあって、日本には確かに様々な神社があり、様々な神がいることを私たちは知っているが、何がどう違うかについては、正確に語れない。

いっぽう、節分、ひな祭り、端午《たんご》の節句などの年中行事や、冠婚葬祭。これらも神の存在、すなわち〝神道〟と密接に関係することはわかっているが、では「神道とは、どのような宗教か」と問われれば、やはり私たちの多くは答えられない。そしてじつは、私たちの日常の行動や思考が、神道と広く結びついていることも、多くの人は気づいてない。

そんな〝知ってて知らない〟神道をテーマに、その歴史と実態に迫ってみたいと思う。意外なこの国の原点が、本書からみえてくるはずである。

武光誠

プロローグ

“神道”を知らずして日本と日本人は見えてこない

1章

〝神の国〟はいかに誕生し、根づいてきたか

●神道とは何か――

2章

●神々についての知識——

日本人の中に生きる"八百万《やおよろず》の神"の系譜

3章

様々な宗教を受け入れる神道の懐の深さ

●時代と共に変わる神道――

4章

●神道が日本史に与えた影響――

朝廷成立、尊王攘夷…神道が果たした役割とは

5章

建物、神職、穢《けが》れと祓《はら》い…
神が降りる地の神秘

●さまざまある神社の約束――

6章

●神の祭られ方、拝まれ方――

祭祀と参拝に込められた知られざる意味とは

7章

●冠婚葬祭と年中行事の中の神道――

死とは何か？生とは何か？ 神道の行事が教えるもの

〝神道〟を知らずして日本人は見えてこない

●日本人が人間関係を重んじる理由

外国人と話をすると、しばしば、「日本人は無宗教だ」といわれる。

科学万能とされる現代にあっても、世界的にみれば「つねに自分が信じる神（ヤーヴェ、アラーなど）の教えに従って行動する」ことを理想として生活する人間が多い。たとえば、インドに行けば、初対面の人間にかならず「あなたの宗教はなんですか」と聞かれる。

たしかに、大部分の日本人の頭のなかに、『バイブル（聖書）』や『コーラン』のような、「神の戒律《かいりつ》」はない。しかし、だからといって日本人が無宗教で、でたらめな生き方をする集団だというわけではない。

日本人の生活、ものの感じ方には、古代以来の神道《しんとう》が根づいている。神道とは「いっけん宗教ではないようにみえるが、じつはよりよい人間社会をつくり上げるために不可欠な宗教」であり、かつ「人間中心の宗教」といわれるものである。

日本人の多くは、神道的発想によって、つねにまわりの人びとの気持ちを考えながら生きる。そして、日本では、より多くの人に好かれる者がよい人間だとされる。だが、この評価は外国では通用しない。個人主義になれしたしんだ欧米人は、つねにまわりの様子をうかがいながら行動する日本人を「個性のない民族」だと非難する。

とはいえ、この、神道の精神を背景にした日本的なふるまいが、日本特有の「義理」「人情」などで結ばれたよい人間関係をつくってきたことは、まぎれもない事実である。

ただ、残念なことに、現代の日本において、この神道こそが、じつは日本の社会や文化を知る最大の手がかりであることを理解している人はあまりいない。

大部分の日本人は、幼いころからの家庭教育のなかで、知らず知らずのうちにこの神道を身につけてきたのだ。

●なぜ神道には戒律がないのか

あとでくわしく述べるように、神道では、すべての生き物が楽しくすごすありさまが、

「産霊《むすひ》」とよばれる最高の境地であるとされる。

それゆえ、神道の考えに立つ者は、誰もが豊かに暮らせるようによい人間関係をつくるようにつとめる。このため、日本では人びとに安定と繁盛《はんじよう》をもたらす能力をもつ者が指導者に推《お》された。

自己の気ままな贅沢《ぜいたく》を優先して、人びとに苦しみを強いた権力者は、たいてい民衆の反感をかって失脚《しつきやく》した。

それゆえ日本史上の政権交代は、よりよい時代をつくりうる者が古い体制を倒してそれに取って代わるかたちでなされてきた。

「どのような行動をすれば、世の中の役に立つか」という問題は、つねにまわりの状況に合わせて考え出していかなければならない。すぐれた政治組織や諸制度であっても、時代に合わなければ、害になる。

それゆえ、神道では、「固定された戒律」がつくられなかった。言葉による教えで人間を縛るのではなく、人びとの良心を信じたのである。そして私たち日本人は、『バイブル』や『コーラン』ではなく、すぐれた先人が記し多くの人びとに愛読されてきた、日本の古典のなかから生き方を学んできた。

●なぜ春と秋に祭りがひらかれるのか

古代人は、くだもの、野草、狩猟でとった獲物など、あらゆる自然の恵みを神からの授かりものと考えていた。そして、農耕がはじまったのちにも、米や麦の収穫は、人間の労働の成果ではなく、神の恵みによってもたらされたものだと考えられてきた。

田畑を耕し、水をひき、種子をまくのは農民である。しかし、まいた種子を育てるのは自然の力である。この考えから、日本では春に豊作を祈る神事《しんじ》（春祭り）、秋に収穫に感謝する祭祀《さいし》（秋祭り）がひらかれてきた。

そして、この考えのうえに、日本人は自然を大切にする生き方を身につけてきた。私たち日本人は、桜が大好きである。花見のときには桜の名所がにぎわう。

この花見の行事は、本来は冬が終わり桜の花を咲かせてくれた神々に感謝するものであった。

●自然崇拝はなぜ生まれたか

「自然を大切にする考えは、人類が生まれながらに持ち合わせている本能からくるものであろうか」

この問いにたいして、私は迷うことなく「はい」と答えたいところだが、じつは問題はそう容易ではない。「日本文化は、照葉樹林《しょうようじゅりん》文化である」と定義する学者もいるからである。それにもとづいて、次のような説明がなされることがある。

温暖で多湿な日本には、カシ（樫）などからなる照葉樹林が広がっている。この照葉樹林が多くの有益な植物を生み出すので、そこに住む者は、原始的な技術を用いるだけで十分な食糧を得ることができた。縄文人は、照葉樹林のカシの実（ドングリ）やクズ（葛）の根をすりつぶして、水にさらしてデンプン（炭水化物）を得ていた。

このような豊かな土地にいたから、日本人は自然の恵みに神を感じた。しかし、生活をするのが困難な砂漠のような土地に住む人間は、自然現象を人間の敵と考えざるをえなかった。そして、そのような生存に適さない土地の人間は、人類に厳しい掟《おきて》を下す一神教をつくった。

砂漠地帯などの自然の脅威《きょうい》は永続的なものだ。それにたいして、台風、洪水、地震、噴火などの日本の天災は、一過性のものにすぎない。それゆえ、日本人はそういったものを一時的な神の怒りとして説明した。

かれらは、神の怒りがおさまると、神は前にもまして自然の恵みを与えてくれると考え、嵐や雷を起こす精霊も、神としてまつりあげた。日本文化を照葉樹林文化とする説に従えば、こういうことになる。

こうした点をあげていくと、神道思想が日本だけに通用するものか、あるいは人類全体に通じるものかという問題が、簡単には解けないことがわかってくる。

●近代科学は神道の心を変えた

一神教のうえにつくられた西洋の近代科学は、人間の力で自然のあり方を変えていこうとする要素や、人類が便利で快適な生活をおくるためには、多少自然環境が変わってしまってもよいとする発想を含むものである。日本人も、明治維新のあと、西洋の便利な機械を手にしたために、しだいに自然に感謝する気持ちを失っていった。

今日では、ダムをつくって河川の生物の生態系を崩したり、自動車の排気ガスで大気の成分を変えたりする行為が、疑問もなく行なわれている。しかし、自然を大切にする神道的な生き方を重んじてきた近代以前の日本人のあり方を思いなおすとき、私たちは科学万能の発想の正否を真剣に検討せざるをえなくなっている。

●神道と仏教の境界は？

現代の日本では、神道と仏教とが共存している。多くの人は仏式の葬儀を行なうが、かれらはそれと同時に初詣《はつもう》でなどの神道の行事も欠かさない。この関係は、古代日本において形成されたものだ。

六世紀のなかば、日本に仏教が伝わった。そのとき、神道とは異なる宗教にふれたことをきっかけに、日本人のあり方はしだいに変わっていくことになった。

古代の支配層は、当初、神道と仏教との役割分担を明らかにしたうえで、仏教を学んだ。かれらは、稲の生育などの自然の恵みをもたらすのは、神のはたらきであるとした。

そして、大陸のすすんだ技術や文明を与えてくれるのが、知識人である僧侶だと考えた。僧侶たちがもちこんだ灌漑《かんがい》、建築などの新技術も、自然のかたち、つまり、神の領域を侵さない範囲で用いられた。ゆえに、奈良時代以前の仏教は、「学問仏教」とよばれる。

日本人は仏教伝来以前に、法隆寺五重塔《ほうりゅうじごじゅうのとう》のような高い建物をつくる技術をもたなかった。しかし、法隆寺を訪れると、木造の法隆寺の建物が斑鳩《いかるが》の自然によくなじんでいるありさまがわかる。

平安時代はじめに、空海《くうかい》(真言宗《しんごんしゅう》の開祖)が、中国の密教《みっきょう》を日本にもちこんだことによって、日本仏教のあり方は大きく変わった。密教僧が呪術を用いて、出世、病気回復などのさまざまな願いを叶《かな》えることができるとされたからである。

これによって、自然を整えるのは神の役目で、個人的な望みを聞くのが仏の仕事だとする発想がしだいに定着していった。そして、地獄・極楽の思想が広まるにつれて、僧侶のもっとも重要な仕事は、人びとを極楽往生に導くことだとする考えがつくられていった。この流れを受けて、江戸時代に寺院が葬礼や墓地の経営を扱うようになった。

●なぜ日本人はいくつもの神に祈るのか

現代人は、一人でいくつもの神を信仰することもめずらしくない。稲荷《いなり》に商売繁盛を祈り、天神《てんじん》に学問上達、受験合格を願い、八幡《はちまん》にスポーツやギャンブルにおける勝利（八幡神は本来、武芸の神である）を頼むといった具合で、いくつかの神社を巡《めぐ》る者が多い。これは、人びとが神にさまざまな御利益《ごりやく》を求めることによるものだ。

それゆえ、現在では信者をあつめようとして、あちこちの神社でさまざまな特色ある祭りがひらかれ、縁起物がつくられるようになった。東京の人は、鷲《おおとり》神社の酉《とり》の市《いち》に行って熊手《くまで》を買えば商売繁盛の願いが叶うといい、関西の人は、西宮戎《にしのみやえびす》の十日戎の祭りに行って笹を受けてくると金儲けができると考える。このような考え方は、江戸時代から広まったものだ。

神道では本来、生活の基本となる共同体単位の祭りが重んじられていた。農民は村落でまとまって土地の神をまつり、貴族は「氏《うじ》」とよばれる血縁集団の神である「氏神《うじがみ》」をまつった。そして、神は人びとに自然の恵みを与えるが、個人の勝手な願いは聞き届けられないものとされた。

しかし、中世に村落を超えた広範囲の人びとの行き来がさかんになると、このかたちはしだいに崩れていった。そして、江戸時代にはあちこちで「自社には特別の事項についての御利益がある」と宣伝する神職があらわれた。

それによって、稲荷、大黒天《だいこくてん》などの福の神をはじめとして、疫病よけの神、縁結びの神などのさまざまな神がまつられるようになった。こういったものを流行神《はやりがみ》という。

そのため、江戸時代なかばすぎには、人びとは、氏神、鎮守神《ちんじゅがみ》、産土神《うぶすながみ》などとよばれる自分が住む土地の神のほかに、個人的にまつる神をいくつももつようになった。

●神道の本来の姿とは

「自然の恵みに感謝して、自分が住む土地にあつまる多くの霊魂《れいこん》(神)をもてなしてまつる」というかたちが、神道の本来のあり方であった。このかたちは、多くの神をまつりながらも、祭りの場を一か所にするあいまいなかたちの多神教といえるものであった。

ところが現代人は、さまざまな御利益をもとめてあちこちの神社におもむく、明らかなかたちの多神教をとっている。このような信仰は、知らず知らずに自分本位のものに変わっているように思える。

鎌倉に、銭洗弁天《ぜにあらいべんてん》という福の神がある。現在では、「そこでお札や小銭を洗うと、それが何倍にもふえる」といわれ、ザルに入れたお金に水をかける人が多くみられる。

しかし、その行為は本来、「金銭にかんすることで知らず知らずに犯した罪や穢《けが》れを清める」ものであった。江戸時代以降、現世利益《げんせりやく》のみを求めて神社に参詣《さんけい》する人びとがふえたことによって、神事の本来の意味からかけ離れてしまったのである。

これから述べる神道の歴史やその本来の意味を知るなかで、勝手な御利益の追求ではない、自然と人間とを大切にする本来の神道の心を知ってほしい。

神道の発展にかかわった主な神社

主祭神と創建年代
❶航海の守り神（1世紀初め?）
❷八幡信仰の発祥の地（1世紀初め?）
❸国津神信仰の中心（2世紀半ば?）
❹大国主命の子神（2世紀半ば?）
❺中世に皇室と結びついて発展（2世紀半ば?）
❻大和朝廷の守り神（3世紀初め?）
❼比叡山の土地神（3世紀初め?）
❽皇室の祖先神（6世紀初め?）
❾藤原氏の氏神（710年代）
❿京都での八幡信仰の中心（859年）
⓫学問の神（947年）
⓬源氏の守り神（1063年）
2世紀半ばの出雲王国
❹諏訪大社
⓫北野天満宮
⓬鶴岡八幡宮
❿石清水八幡宮
❸出雲大社
❼日吉大社
❶宗像大社
❽伊勢神宮
❾春日大社
❻大神神社
❺熊野三社
3世紀末ごろの大和朝廷の勢力圏
❷宇佐神宮

1 章

●神道とは何か――

〝神の国〟はいかに誕生し、根づいてきたか

神道とは何か

●神道は時代を写し出す鏡

日本の歴史は、神道《しんとう》の存在をぬきに語れない。日本民族がつくられてから現代まで、私たち日本人は「八百万《やおよろず》の神《かみ》」とよばれる多くの神々をまつってきた。山には山の神、川には川の神がいる。

時々の権力者は、さまざまなかたちで神道とかかわってきた。これからくわしく述べていくように、一時代の神道のあり方は、そのときの政治や文化の特徴をそのまま映し出す鏡のようなものになっている。

これは、神道が、ほかの宗教（キリスト教、イスラム教、ユダヤ教など）のような聖典の記す固定された戒律《かいりつ》で人間を縛《しば》りつけるものでないことからくるものである。神道はもともと、人間のもつ良心にたいする全面的な信頼のうえにつくられた宗教である。そして、人びとの善悪にたいする判断は、時代とともに変化する。ゆえに、神道もそれに合わせてかたちを変えてきたのだ。

●神道はなぜ、神の「道」と書くのか

「神道《しんとう》」という言葉に「道《とう》」の語が含まれることは、神の教えがきわめて自由な性格をもつことをしめすものである。それは、「神教」でも「神法」でもない。日本の神様は、人間の上に立って教えを述べたり、法で人間を縛ったりしない。

辞典をひくと、「道《どう》」という言葉の意味の一つに、「人の守るべき義理。宇宙の原理。教え」というものがある（『岩波国語辞典』）。「道《どう》」のこの用法が、神道の「道《とう》」にあたる。

神の道《どう》（教え）は、宇宙ができると同時に存在したものであり、その道《どう》は各自がそれぞれの言葉で自由に表現すべきものなのだ。神道の「道《とう》」は、江戸時代にもてはやされた儒教の教えをさす「天の道」「人の道」などの「道《みち》」の語とは別のものである。

日本人になじみ深い「茶道」「華道」「剣道」「柔道」といった言葉がある。それらは、奥深い精神世界をもつもののようでもあるが、自己流に抹茶《まっちゃ》をたてて楽しむのも「茶道」とされる。

神道の性格もそれに似ていて、信仰を受け入れる側のありようでいかようにも変わりうる性格をもっている。

「神道」という語は、『日本書紀《にほんしょき》』（七二〇年に成立した奈良時代前期の歴史書）に出てくる。

そこには七世紀なかばに活躍した孝徳《こうとく》天皇が仏法《ぶっぽう》を重んじ、神道を軽んじたとある。つまり、仏の教えは「法」で、神信仰は「道」とされたのだ。

日本の神への信仰が「道」という語にあらわされる自由な性格をもつことは重要である。

神とは何か

●「上」が「神」になった

「神」という言葉は、もともと「上《かみ》」と同じ意味の「大和言葉《やまとことば》」であったとされている。「大和言葉」とよばれる古代日本語の単語の数は、今日の日本語よりはるかにすくなかった。そこで、古代人は多くの似た概念を一つの言葉であらわした。

空も海も青くて広大だから、古代人はそれらを「あま」とよんだ。それが、七世紀に漢字で「天《あま》」「海《あま》」と書き分けられるようになった（現在ではふつうは「天《てん》」「海《うみ》」とよばれる）。

人間の能力を超えるもの、つまり人間より上位にくる偉《えら》いものがすべて、「かみ（上・神）」と考えられたのだ。

それゆえ、ある地方では速く駆ける狼が犬神とされ、ある地方では空を飛ぶ烏《からす》が神の使者とされた。

●なぜ日本には〝八百万の神〟がいるのか

日本人は、神は人間以上の力をもつが、人びとを威圧して支配することはないと考えていた。人間も神々も平等な価値をもつ霊魂《れいこん》とされたのだ。

こうした日本の神々は、自然神と人格神に分けられる。自然物である太陽の神、月の神、海の神などが前者で、祖先の霊などの亡くなった人間が神とされたものが後者である。

三世紀から六世紀ごろにかけて、大王《おおきみ》をつとめた人間は、没後に有力な神になると考えられていたために、先王をまつる巨大な前方後円墳《ぜんぽうこうえんふん》がつくられた。亡くなったのちに雷の神としてまつられて天神《てんじん》様となった学問の神・菅原道真《すがわらのみちざね》のように、自然神と人格神をかねる例も多い。

あらゆるものが、まつられることによって神になるのが神道の世界である。

神をあらわす古代語

言葉	もとの意味
神	上におられる方
命《みこと》(尊)	みことのり(命令)をくださる方
魂《たま》	たましい
根《ね》	霊(「ね」がなまって「れい」となった)
宿禰《すくね》	霊を宿した方
別《わけ》	力のあふれた若々しい方
物《もの》	超自然的存在

神はいつ現れるか

●神は霊魂なのか

近代以前の神道を解釈した書物には、「神は聖人である」とか「人の心のなかに神がいる」「正直者の霊が神としてまつられる」「祖先が神である」といった解説がみられる。

こういったさまざまなものを総合していくと、

「あらゆるものの霊魂《れいこん》が神である」

という考えにいきつく。人間も動物も、山や川、あるいは雨や風といった自然現象も、霊魂をもっている。この霊魂は、本来は清らかなものである。そして、人間がなんらかの霊をまつったときに、それは神になる。

応神《おうじん》天皇は各地で八幡神《はちまんしん》としてまつられているが(66ページ参照)、すべての天皇が広い地域で崇敬されたわけではない。このことは、それをまつる者が神をつくるありさまを物語るものだ。

日本人は、自分が不思議な力に助けられたとき、そこに神の存在を感じ、自分を守って

神の概念図

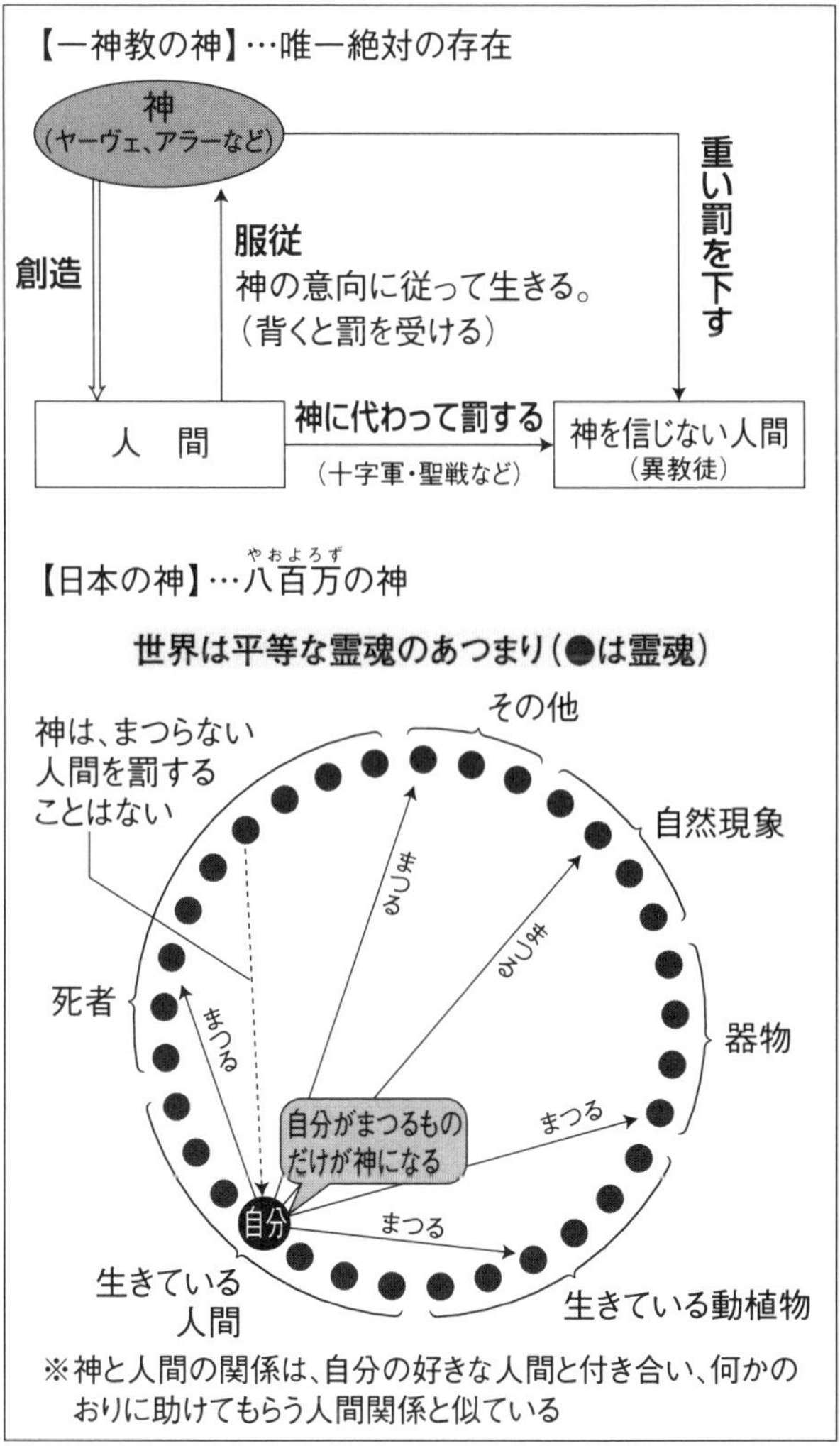
【一神教の神】…唯一絶対の存在
神
（ヤーヴェ、アラーなど）
創造
服従
神の意向に従って生きる。
（背くと罰を受ける）
重い罰を下す
人　間
神に代わって罰する
（十字軍・聖戦など）
神を信じない人間
（異教徒）
【日本の神】…八百万《やおよろず》の神
世界は平等な霊魂のあつまり（●は霊魂）
神は、まつらない
人間を罰する
ことはない
その他
自然現象
器物
死者
まつる
まつる
まつる
まつる
まつる
自分がまつるもの
だけが神になる
自分
生きている
人間
生きている動植物
※神と人間の関係は、自分の好きな人間と付き合い、何かのおりに助けてもらう人間関係と似ている

くれた霊魂を神としてまつってきた。

「神社にお参りしてお願いすると、神様がそれを叶えてくれる」といわれる。そこから、神道は人間に都合のよい現世利益《げんせりやく》の宗教にすぎないと批判する者もいる。

●神の加護はこんなところに訪れる

神の助けとは、どのようなものであろうか。豊田佐吉《とよださきち》（明治・大正期の織機《しょっき》発明家）の発明の物語（実話か創作かは明らかではない）を例にあげて、これを説明してみよう。

佐吉は「高機《たかばた》」（中京地方では「はたご」とよばれた）という手織りの機械の改良に取り組んでいたが、仕事が思うようにはかどらず、まわりの人びとからは「佐吉は仕事をせずに部屋にこもってばかりいる怠け者だ」と非難された。佐吉の理解者は、母だけだった。

自然の美しいところへ行って気持ちを切り替えたいと思った佐吉は、ある日、海岸に凧《たこ》を揚げに行った。すると、かれが手にもっていた凧が強風で吹き上げられた。このとき、かれは凧を放り捨てて家にかけもどり、大声で「おっかさん、おらのはたごができた！　できた」といった。

そして、たて糸のあいだに緯糸《よこいと》を入れる梭《ひ》をひもを用いて左右にひく装置をつけた「はたご」をつくり上げたと伝えられる。

●神の守りとは何か

この装置が完成したとき、もしかすると、佐吉は自分に知恵があったから、その発想が浮かんだ、と思い上がったかもしれない。

しかし、そのとき、誰からも見向きもされない発明に苦労している佐吉を哀《あわ》れんだ先祖の霊が、風の神に頼んで強風を凧にあててくれたと考えることができるならば、とてもすばらしいことだ。

そうすると、人間はさまざまなものに守られていると思い、謙虚な気持ちで生きることができる。

神道は、神を中心とするものではなく、人間を中心とする宗教である。神を信仰する者がいるから、神が存在するのだ。

佐吉のような大きな幸運を得なくても、たとえば、ハイキングで汗をびっしょりかき、クタクタになりながら山頂近くまでたどり着いたとき、どこからともなく、ふと気持ちのよい風が吹いてきた、といった経験をしたことがある人は少なくないだろう。これも、神の力によるものだと考えることができれば、心が癒されるのではないか。

絶えず変わり続ける神道

●最新の学問が神道を補強する

神道の本質がわかりにくい理由の一つに、神道が幾度も姿を変えてきたことがあげられる。しかし、神道の核となる部分は、縄文時代以来変わらない（左ページ図表参照）。日本の歴史の発展のなかで、その核のまわりにさまざまなものが結びついて、それぞれの時代に合った神道がかたちづくられた。神道が、儒教や仏教のような外来の思想をとり入れたこともある。

また、あるときには神道が、その時代の国家主義、国粋《こくすい》主義と結びついた。

七世紀に神道は、朝廷の古代国家形成をめざす中央集権化の動きに利用された。そして、儒教の論理をかりて天皇支配を正当化するかたちの神道がつくられた。『古事記《こじき》』や『日本書紀《にほんしょき》』は、この時代の神道思想によって書かれている。

ついで、平安時代以後に仏教と結びついた両部《りょうぶ》神道や山王一実《さんのういちじつ》神道がつくられ、江戸時代に朱子学《しゅしがく》の思想をかりた儒家《じゅか》神道がつくられた（四章参照）。

「神道」の変遷

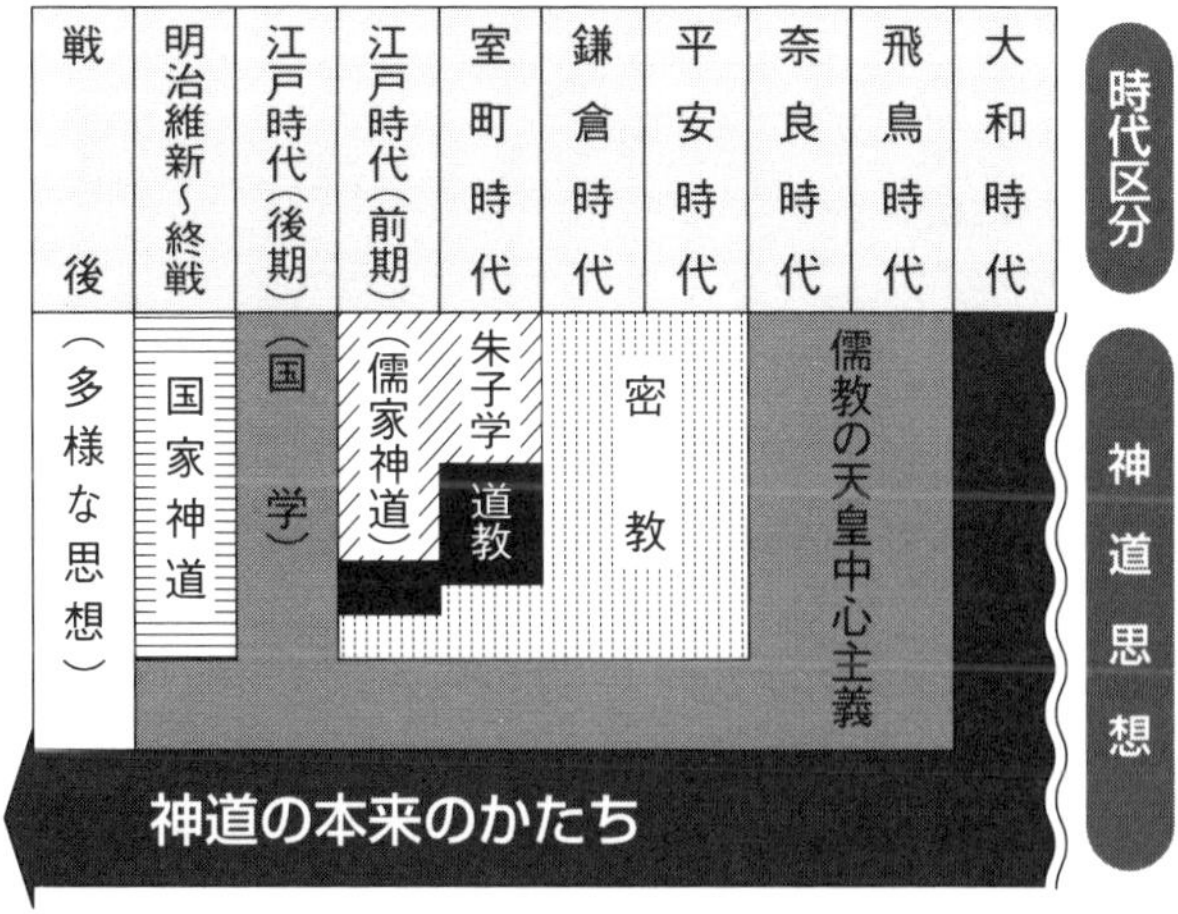

●国家神道と軍国主義と戦後復興

個々の神道思想は、きわめて複雑な姿をとっている。室町時代の吉田《よしだ》神道は儒教（朱子学などの新しい学説）、仏教、道教などの思想が混在したものであり、国学者の本居宣長《もとおりのりなが》や平田篤胤《ひらたあつたね》（平田篤胤の復古《ふっこ》神道にはキリスト教的要素もみられる）が、古代国家形成期の『古事記』や『日本書紀』の記事を日本古来の信仰を伝えるものとしたため、国学が明治維新の王制復古の思想的根拠とされた。そして、古代の神道政治をまねた国家神道がつくられた。この国家神道が戦前、軍国主義の根拠とされたことはよく知られている。

しかし、国学も国家神道も神道の本質を的確に伝えるものではなかった。ゆえに、終戦後、国家神道は行なわれなくなった。

しかし、戦後にアメリカ流の民主主義を身につけはじめた日本人が、神道は軍国主義をつくり国民に大きな苦しみをもたらしたものと考えて、神の祭りを否定したわけではない。むしろ、それとは反対に、多くの人びとが終戦後の貧しさのなかで神社におまいりをして、「もとのような食べ物に事欠かない豊かな生活ができますように」と祈った。そして、戦後の復興をへたあとの日本でも、一部の西洋の習俗や科学的思考をとり入れつつ、神道はたえず発展をつづけている。

神はどのように誕生したか

●アシの芽に神を感じた古代人

私たちは、『古事記』や『日本書紀』の記事のなかから、天皇支配を正当化する古代の国家主義的発想や外来の思想をとり除くことによって、神道の本質を知ることができる。

日本神話のなかの、皇室の祖先神《そせんしん》である天照大神《あまてらすおおみかみ》があらわれるより前の部分に、そのような神道の原形がみられる。それは、きわめて古い時代の原始的な段階の日本人の望みをそのままあらわすものである。

そこには、天地の区別も明暗の区別もわからない混沌《こんとん》のなかからアシの芽（葦芽《あしかび》〈葦牙《あしかび》〉）のように勢いよく萌《も》え出た（種子から芽が出るように出現した）ものが最初の神、可美葦牙彦舅尊《うましあしかびひこじのみこと》（以下、神名は『日本書紀』の表記による）になったとする記事がある。また、「造化三神《ぞうかさんしん》」とよばれる最初にあらわれた神は、天御中主尊《あめのみなかぬしのみこと》（天の中心となる神）と、高皇産霊尊《たかみむすひのみこと》、神皇産霊尊《かみむすひのみこと》の三柱《みはしら》（柱とは、神を数える単位）であったとも記されている（次ページ参照）。

●生命力を重視する「産霊」の思想とは

「産霊《むすひ》」とは、今日の「縁結び」の概念につらなる、新たな生命を生むことをさす言葉である。生命のないところから萌《も》え出たものが神であり、生き物を生み出すことをつかさどるものが神であった。もっとも古いかたちの神道では、生命力を神格化したものが尊《とうと》い神とされていたありさまがわかってくる。

神道の〝原点〟が見えてきた

●人間の誕生と日本国の形成

次ページの図に示したように、日本神話は造化三神《ぞうかさんしん》からはじまるものと、可美葦牙彦舅《うましあしかびひこじの》

三系統の創世神話（『日本書紀』による）

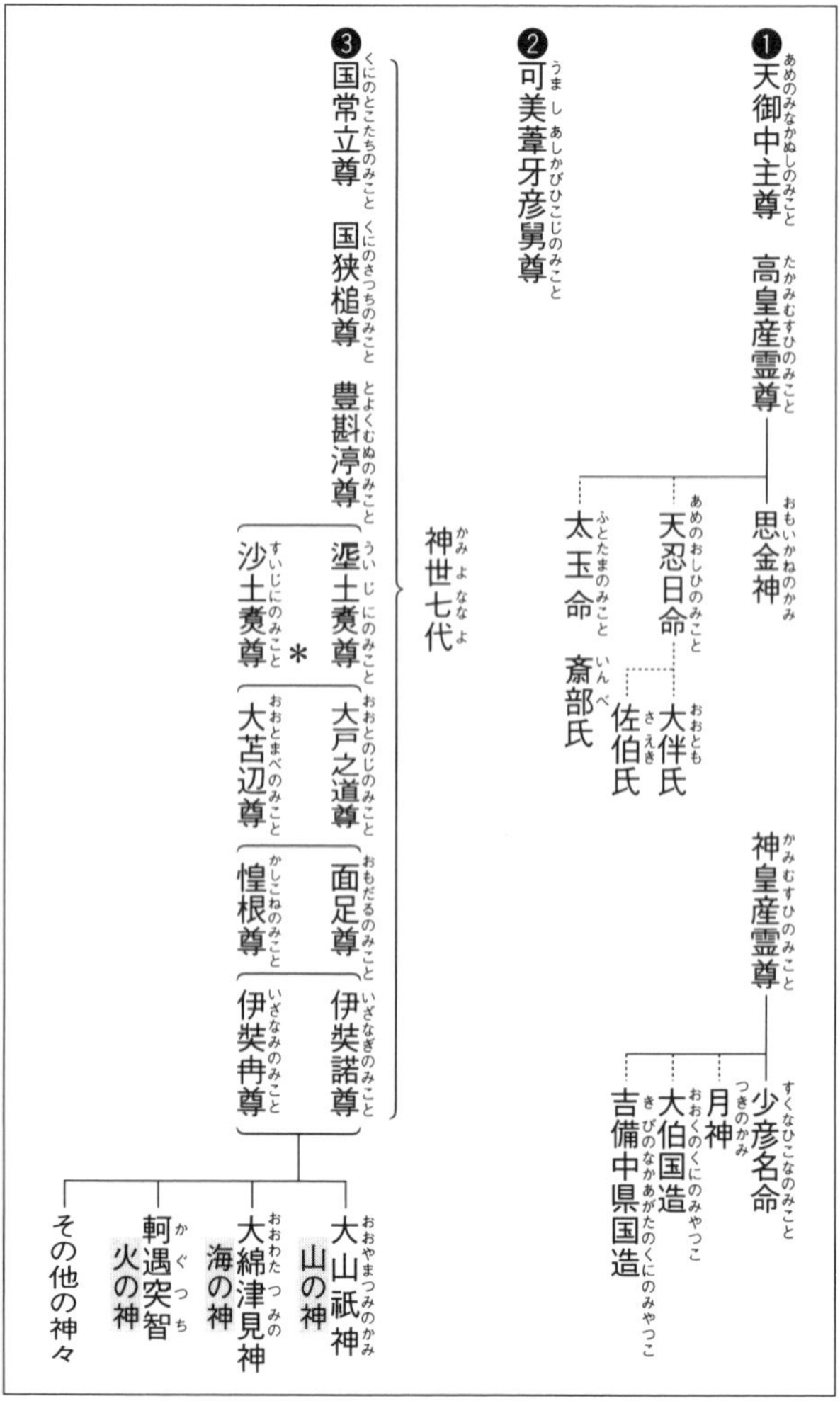

＊『古事記』は国狭槌尊のかわりに埿土煑尊、沙土煑尊の次に角櫼尊、活櫼尊をおく。

尊《みこと》からはじまるものと、国常立尊《くにのとこたちのみこと》以下の神世七代《かみよななよ》からはじまるものとの三系統の創世神話を併《あわ》せ記していた。そして、皇室につらなる伊奘諾尊《いざなぎのみこと》と伊奘冉尊《いざなみのみこと》の夫婦の神は、神世七代の終わりにおかれた。

この二柱《ふたはしら》の神は、相手を生殖にさそう（いざなう）ことを意味する名前をもつ神である。そして、かれらが生殖によって日本列島を構成する島々や山の神、海の神などの多くの神、さらに人間たちを生み出したとされる。

こうしたことは、古代人が神のもっとも主要な役割は、生命あるものを生み出すこと（産霊《むすひ》）にあると考えていたことをしめしている。それゆえ、今日の私たちも、子孫の繁栄、健康、豊作、商売繁盛など、生命の増進や生活の向上につながる現実的な願いを神々に祈るのである。

●古代人が考えた「善」と「悪」とは

自己の哲学的思索を深めるために、日本の神について記された文献を読んだり神社に参拝する者は、現代にはほとんどない。

古代人は生成のはたらきにかなうものがすべて善であり、生命の繁栄を阻害するものが悪であると考えていた。古代日本語の「よし」「あし」は、道徳的善悪もしくは哲学的善悪をあらわすものではない。生命力に満ちた楽しい生活をもたらすものが「よし」とされたのだ。

近年までの日本のあり方は、「タテ社会」などといわれた。それは、地域(村落)、企業(会社)、家庭(家)の構成員が指導者(村長、社長、家長)を批判せず、上の者の教えに従って行動するのが善だとされてきたからだ。これは、「指導者はみんなが楽しく生きる世界を実現するために働いている」という上の者にたいする絶対的な信頼のうえに立つ考えだ。つまり、神道の理想は、すべての人間が明るくすごし、生きとし生けるものすべてが繁栄することにあり、その方向に人びとを導く者が、日本では尊敬されてきたのである。

神道が支えた戦後日本の成長

●日本の高い技術力の根底にあるもの

神道は生命の尊重のうえにつくられた宗教である。

それゆえ神道は、「生命あるものを生み出し、つくり出す」ことをあらわす「産霊《むすひ》」という行為を最大の善行とするものである。この「生命あるもの」とは、人間や動物だけをさすものではなく、人間がつくり出したさまざまな品物をも含む概念である。

日本人は、「画家が生命をふきこんだ名画」「職人が精魂《せいこん》を込めてつくり上げた道具」といったものに生命が宿《やど》ると考えてきた。そのため、近年までの日本人は、さまざまな品物を大切に扱った。

これらの、ものをつくり出すことを重んじる発想が、今日の日本の工業社会を生み出した。日本の企業がよい工業製品を生み出すことを自分たちの使命と考えたことによって、日本は輸出大国になった。

ゆえに世界中が、日本の「ものづくり」の技術の高さを評価している。このように考えると、戦後の日本の復興とめざましい成長とが、日本人の心の底にある「産霊《むすひ》」の考えにもとづいてなされてきたことがわかってくる。

●仕事は、神と人との共働の行為

戦後の日本の成長をささえてきた企業人の多くは、神々をまつり、「自分たちは日本の繁栄のために働く」と考えてきた。

「産霊《むすひ》」の考えから、まわりの者の生命力を高めるために喜びを与えることも、「よき」行為とされた。そこで、日本人は、自分のまわりにいる同僚とともに楽しくすごすことがよいことだとする考えから、企業のなかにおいても家庭的なよい関係を築いた。そして、ものを生み出す「神人共働」の行為として、楽しみながら仕事に励んだのである。

神社はどのように誕生したか

●神があつまる場所とは

神社だけを神と人との交流の場だと考えるのは、正しくない。神道では、神々はつねに人間の身近におり、ふだんから神の心にかなう生活をすることが大切なことだとされる。この発想を詠《よ》んだものに、菅原道真《すがわらのみちざね》の作と伝えられる（おそらく、後世の人物がかれに仮託したものだろうが）次の和歌がある。

「心だに誠の道に叶いなば　祈らずとても神や守らん」
（正直な人間は、あれこれ祈らなくても神々の守りを受ける）

とはいえ、信仰のために人びとがあつまる特別の場は必要である。現在、そのような場は神社という広い庭（神苑《しんえん》）つきの建物のかたちをとっている。

古くは、大きな木の周辺や巨石、あるいは集落の近くの丘や山に神々があつまると考えられていた。そうした場所は、祭りのとき以外には立ち入れない特別の場所とされた。

●玉垣が囲む聖なる空間

こうした祭場が発展して、神社になった。そして、祭場から神社に発展するあいだに、神籬《ひもろぎ》がつくられる段階があったとされている。現在の神籬は、野外で神を招くときに使われるが、それはもともと祭場の中心にある常緑樹のまわりに玉垣《たまがき》とよばれる柵をめぐらせて目印としたものであった。

このようないきさつから、神社とは本来、人びとが神の祭りを通じてさまざまな交流を行なう場であったことがわかる。近代以前の人びとは、家で神をまつり、あちこち出かけたおりには、神の力、つまり自然の驚異を感じるたびに、その場で神をまつった。巨木や巨石をみるたびに、かれらは頭を下げたのである。

そして、七世紀はじめ（飛鳥《あすか》時代）に大がかりな寺院がつくられるようになったのちに、神籬がおかれた地に、巨大な神殿がつくられるようになった。

神籬

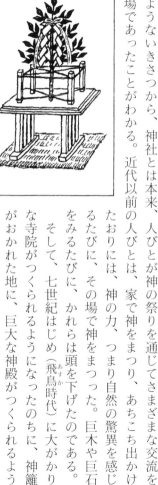

祭りはいつ始まったのか

●祭りが古代人を一つにした

前項で、神社が祭りの場から発展したものであると述べた。神道の基本は、一人一人が思い思いに神をまつることにある。そして、そのうえに社会の最小の単位である家の祭りがつくられた。

さらに、個人の信仰、家の祭りのうえに、一つの集落の構成員すべてがかかわる神社の祭りがつくられた。これは、集落の祭り、もしくは地域の祭りといってもよい。

縄文時代から弥生時代はじめにかけて、人びとは一〇〇人から二〇〇人程度の血縁者の集団を単位に生活していたとみられる。かれらは、一家族が生活する竪穴《たてあな》住居をあつめた集落で生活し、春や秋の祭りの日に、一〇〇人から二〇〇人全員がそろって神をもてなす行事を行なった。

弥生時代なかば（紀元前一世紀末）以降、非血縁者をもとりこんで発展した集団がつくられ、やがて小国（一〇〇〇人から二〇〇〇人程度のまとまり）が誕生した。そして、大和朝廷《やまとちょうてい》

『大宝律令』後の祭り

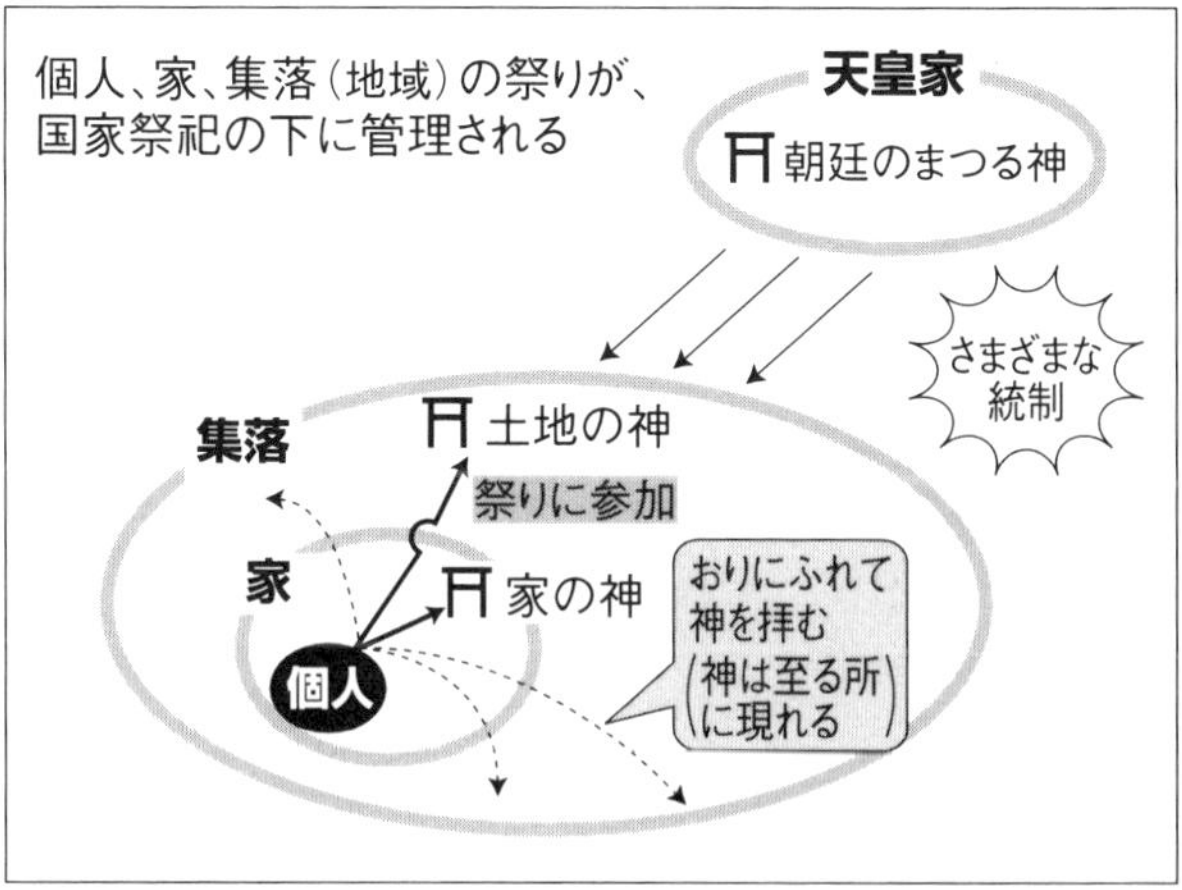

が国内を統一したが、そうなったのちも、もともと農業を営むためにあつまった集団（村落）の構成員たちは、強いつながりをもちつづけ、ともに神をまつった。

●古代、人と神が共に飲み食いした

朝廷の全国支配が完成した八世紀（『大宝律令《たいほうりつりょう》』の完成後）には、この上に国家の祭りがおかれた（上図参照）。しかし、国家の祭りは、支配層の政治的意図によってつくられたものにすぎない。

つまり、神道の祭りは本来、個人の祭り、家の祭り、集落の祭りの三層からなるものなのである。集落の祭りは、すべての人間を善良なものとみて、みんなが同じ願いをもっているとする前提のもとにつくられた。その願いは、生産力の向上（産霊《むすひ》）である。

日本の祭りの原形は、人びとが神とともに飲み食いし、音楽や芸能を楽しむものである。これは、神と人間とがともに楽しみ、明日から生きる活力をつけようとする発想でなされたものだ。

これは、神頼みだけではなにもよくならないとする考えにもとづくものだ。人びとが力を合わせて熱心に仕事にとりくむとき、はじめて神の助けが得られる。

つまり、神と人とが力を合わせて稲を育てることによって、国の安泰《あんたい》がもたらされるとされたのだ。

先祖の祭りをなぜ重視するのか

●亡くなった人は神になる

前項で家の祭りが神道の重要な部分を占めていることを述べたが、先祖の祭りは、この家の祭りを重んじる発想からつくられたものである。

多くの祖先の霊が家を守るという考えにもとづく行為である。今日でも、神道を信仰する家は、先祖の位牌《いはい》を家のなかにおいた御霊舎《みたまや》(御霊屋《みたまや》、霊床《たまどこ》、霊棚《たまだな》ともよばれる)をまつっている。

亡くなった人間を神としてまつる祖霊信仰《それいしんこう》は、すべてのものを神としてとらえる発想からきわめて古い時代に生まれた。家族の誰かが亡くなったときに、みんながその神道的信仰に従って、

「亡くなったお祖父《じい》さまは、これからは神様になってのこされた家族を守ってくれる」

と考えるのは自然である。そうなると、身近な者の死を深く悲しまなくてすむ。さらに、そこから、

「顔を知らない遠くの祖先たちも家を守ってくれる」

と考えると、人びとは元気づけられるはずだ。

●弥生人の祖霊信仰とは

弥生《やよい》時代に農耕生活がはじまると、祖霊信仰はさらに強まった。

「祖先が苦労して山野をひらいて、水田をおこしてくれたおかげで、私たちは安定した生活ができる」

とする考えがこれにくわわったからである。財産がなく、どうして食べ物を手に入れたらよいかと悩んでいるときに、無償で広い水田をくれる者がいれば、それは「神様」であ

る。しかし、農耕民には神様でなく祖先が水田を与えたといえる。こうなると、ごく自然なかたちで先祖の祭りが重んじられるようになる。

神道の基礎には、このような弥生時代以来の祖先祭祀《さいし》の伝統がある。

穢れとは何か

●「穢れ」とは気が枯れること?

神道には、「穢れ《けが》」とそれと対《つい》になる「祓《はら》い」という独自の概念がある。「『穢れ』『祓い』の意味を理解してはじめて神道がわかる」といわれるが、そのことに深入りするときりがない。そこで、ここではごく簡単に「穢れ」の意味を説明しておこう。

「穢れ」とは、

「気（霊《け》）枯れ（生命力が枯れた状態）」

をさすものである。前に「産霊《むすひ》」の説明（35ページ参照）で述べたように、神道では清らかで若々しい生命力をもっとも重んじる。それゆえ、生命力が枯渇《こかつ》する「穢れ」は、死につながるものとして忌《い》み嫌われる。

●穢れがもとで罪が生まれる

古代人は、死穢《しえ》、血穢《けつえ》(女性が生理で体調をこわすこと)などを、生命力の枯渇を思わせるものとして忌《い》む(さける)べきものとされた。そのため、身内から死者を出した者や生理中の女性は、自分の穢れを他人に及ぼさないように引きこもらなければならない(忌みごもり)とされた。

さらに古代人は、人間は気が枯れた(穢れた)ときに、さまざまな間違いを犯すと考えた。その間違いの程度が大きくなると、罪になる。

間違いが、たんなる穢れ(自分が忌むことによってすまされるもの)であるか、罪(社会から罰せられるもの)になるかは、まわりの人間によって決められる。

たとえば、山のなかで一人で生活している者が罪を犯すことはありえない。たとえかれが動物を殺して食べてしまったとしても、その行為はたんなる穢れとされる。誰かに謝ればすむ程度の間違いは、罪にはならない。

いっぽう、多数の人間に「あいつのせいで被害をこうむった」といわれるような人物は、罪人とされる。

神道では、罪を犯すことを好む人間はいないとする考えに立ち、罪人は「気の枯れた」

気の毒な人とされた。そのため、神を信仰する人びとは、日頃から穢れを近づけないように清く明るくすごすようにつとめた。

祓いとは何か

●なぜ日本人は清らかさを重んじるのか

穢《けが》れを清めることを「祓《はら》い」という。神道では、良心に恥じる行為が罪につながる穢れであるとする考えがとられてきた。

神の心、自分の心に照らして、悪いことをしてはならないというのだ。いまでも、悪い人間を「きたないやつ」といい、悪事を「きたないこと」とよぶ言い回しがのこっている。これは、神道では、罪を犯す者は穢れたきたない人間とされたことによってつくられた用法である。

最近までの日本人は、法律的には罪にならなくても「きたないこと」をする「きたないやつ」を大そう嫌ってきた。日本人のもつ「恥を知る心」は、まわりからきたない人間とみられること（恥をかくこと）をさけようとする生き方からつくられた。

●祓いですべての穢れが清められる

祓いは、自分の心を清める行為である。たとえば、罪を犯してしまった者が、水で体を清めること（禊祓《みそぎはらえ》）などによって、人びとに「これからは清らかにふるまい、二度と罪を犯しません」と誓うのである。

近年まで日本人は、誰もが罪を犯すことを嫌う清らかな心をもっていると考えていた。それゆえ、間違いで誰かを死なせてしまった者でも、生まれ変わったつもりで出直せば、また受け入れてやろうという考えがとられてきた。

禊祓《みそぎはらえ》（川の流れや海で身をすすぎ洗い清めること）

『日本書紀』などにある伊奘諾尊《いざなぎのみこと》が黄泉国《よみのくに》に行き、死の穢《けが》れに触れたために、筑紫の日向《ひむか》の橘《たちばな》の小門《おど》の阿波岐原《あわぎはら》（宮崎県のどこかの小さな川の川口とされるが、架空の地名であるらしい）で身を清めた故事による。

神社の手水舎《ちょうずや》で手と口をすすぐのも簡略化された禊祓。ほかにも、水行、滝行、水垢離《みずごり》、寒垢離《かんごり》、斎戒沐浴《さいかいもくよく》などさまざまなものがある。

したがって現在でも、「刑務所で罪をつぐなってきた人を社会に温かく迎えよう」という者が少なくない。心から反省をしめした者をさらに責める行為は不人情である。ゆえに、神も人も、すすんで祓いを行なった人間を許すべきだとされたのだ。

「人間の良心に全幅《ぜんぷく》の信頼をおく人間中心の宗教」

これが神道である。神道は、空虚な宗教論（神学）をもてあそぶものではなく、人間のありのままの姿をふまえた信仰なのである。

2章

●神々についての知識——

日本人の中に生きる〝八百万《やおよろず》の神〟の系譜

神社の起源と出雲の首長

●人間の良心が神を生む

神道の神は「人間が生まれながらにもっている良心である」と説明できるかもしれない。

ピーターパンの物語に、「赤んぼが、はじめて笑った時、その笑いが、千ものかけらに割れて、みんなぴょんぴょんとんでったんだ。それが、妖精《ようせい》のはじまりなんだよ。」という説明がある。日本の神は、この妖精のようなものではあるまいか。

しかし、ピーターパンはこうもいう。「子どもが、『妖精なんて、ほんとにはいないよ』と言うたんびに、どこかで、妖精がひとりずつ、たおれて死んじゃうんだ。」（『ピーター・パンとウェンディ』J・M・バリー著／石井桃子訳／福音館書店）

人間が「神様なんていないよ」というのは、どんなときだろうか。それは、「誰もみていないから小さな不正をやってもかまわない」と考えたときではなかろうか。良心に恥じる行ないをして得をしたように思った者は、人間がもっとも大切にすべき清らかな気持ちを汚し、結果として大損をしてしまう。

●神は至る所に現れる

神道では、あらゆる場所に神がいるとされる。それゆえ、人びとがあつまって神の祭りを行なう場に神々が寄ってくる。

つまり、人間の集団があれば、いつでも神社をおこせるのである。日本人は、良心をもった人間があつまって神をまつれば、かならずよいことが起こると考えてきた。

神社は、神をまつる場であるとともに、自分の身を清める場である。世界には宗教者がざんげをする罪人《つみびと》をあれこれ責める宗教が多いが、神事の場では、すすんで祓《はら》いを行なった者を非難する人間はいない。

●現代まで生き続ける弥生時代の神

弥生時代なかばにあたる紀元前一世紀末ごろから、農業で結びついた共同体ごとに小国がつくられていったことが、考古資料からわかる。そして昭和五九年(一九八四)に、二世紀なかばの出雲の首長たちがあつまって神の祭りをした跡がみつかっている。島根県出雲市斐川《ひかわ》町荒神谷《こうじんだに》遺跡である。

そこからは、三五八本の大量の銅剣が出土した。当時の銅剣は、きわめて貴重な祭器《さいき》であった。そしてなんと、そこから出土した銅剣の本数が、『出雲国風土記《いずものくにふどき》』という奈良時代

荒神谷遺跡の銅剣

2世紀半ば

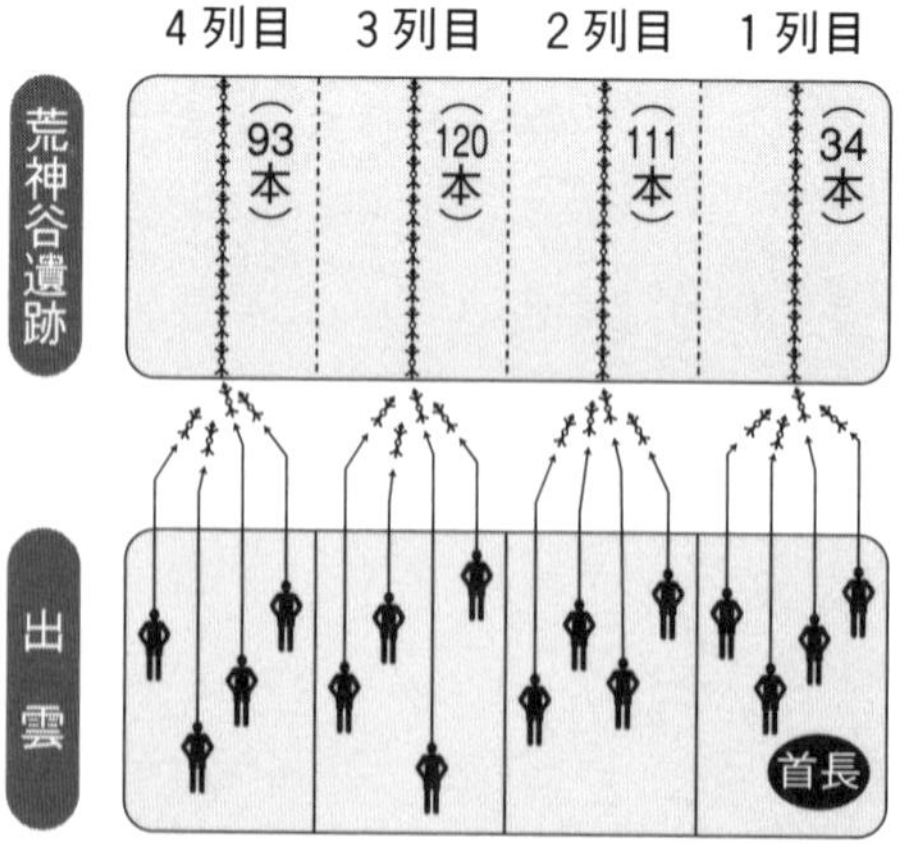

この時代、出雲は4つの地域に分かれていた。出雲の各首長は銅剣を1本ずつもちより、地域別に1列に整理するかたちで納め、まつった。

奈良時代の出雲

397の神社（『出雲国風土記』より）

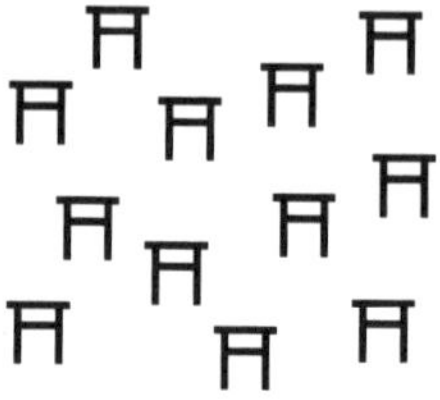

銅剣の本数（358本）と神社の数（397社）がほぼ一致することから、荒神谷の祭りに参加した首長たちの子孫が、神社をまつっていたありさまがわかる。

の地誌が記す出雲国の神社の数とほぼ一致することが明らかにされた（ただし、奈良時代に新たに建てられた神社もいくらかある）。

二世紀なかばに、出雲の首長たちが一人につき一本ずつの銅剣をもちよって、荒神谷で祭りを行なっていたのであろう。そして、神社を核としたそのときの首長たちの支配は、奈良時代まで受け継がれた。平安時代以後に新しくつくられた神社もあったが、『出雲国風土記』に記された大部分は、今日の出雲（島根県）の有力な神社としてつづいている。つまり、弥生時代の首長がまつった神は、現代でも生きているのである。

朝廷が全国支配を完成して神話のかたちを整えた七〜八世紀の国内の神の多くは、このような土地ごとに芽生えた地方豪族がまつる神であった。

土地の守り神・大国主命

●祖霊信仰の上に立つ大国主命

弥生時代の首長がまつった神は、豊作をもたらす農耕神で首長が治める土地を守る神だとされていた。そして、その神が治める地域の人間が亡くなると、かれの霊魂は土地の守

大国主命の別名

『古事記』	大穴牟遅神《おおあなむじのかみ》　葦原色許男神《あしはらのしこおのかみ》　八千矛神《やちほこのかみ》 宇都志国玉神《うつしくにたまのかみ》
『日本書紀』	大物主神《おおものぬしのかみ》　国作大己貴命《くにつくりのおおあなむちのみこと》　葦原醜男《あしはらのしこお》 八千戈神《やちほこのかみ》　大国玉神《おおくにたまのかみ》　顕国玉神《うつしくにたまのかみ》

り神のもとの神々の世界に行くとされた。

こうした祖霊信仰の上に立つ神は、大国主命《おおくにぬしのみこと》、国魂《くにたま》などさまざまな名でよばれた。この神名は「強い霊力をもつ土地の守り神」の概念をあらわすものであれば、なんでもよかった。

●『古事記』が記す国造りの物語

『古事記』などの神話は、大国主命には八十神《やそがみ》という多くの兄があったと記している。そして、命が因幡《いなば》の白兎《しろうさぎ》を救ったことをきっかけに、八上比売《やがみひめ》という美しい妻を得たために、八十神と大国主命との争いがはじまった。

このあと、大国主命は地下にいた素戔嗚尊《すさのおのみこと》のもとで試練を受けて力をつけたのちに、地上にもどって八十神を打ち従えた。そして、知恵のある少彦名命《すくなひこなのみこと》の助けを得て「国づくり」を行なったという。神々の国づくりの中心となる行為は、原野をひらいて子孫にあたる人びとが生活するための田畑をつくるものであった。

『古事記』は、さらに大国主命と少彦名命の二柱の神が人間や家畜の

大国主命をまつる主な神社

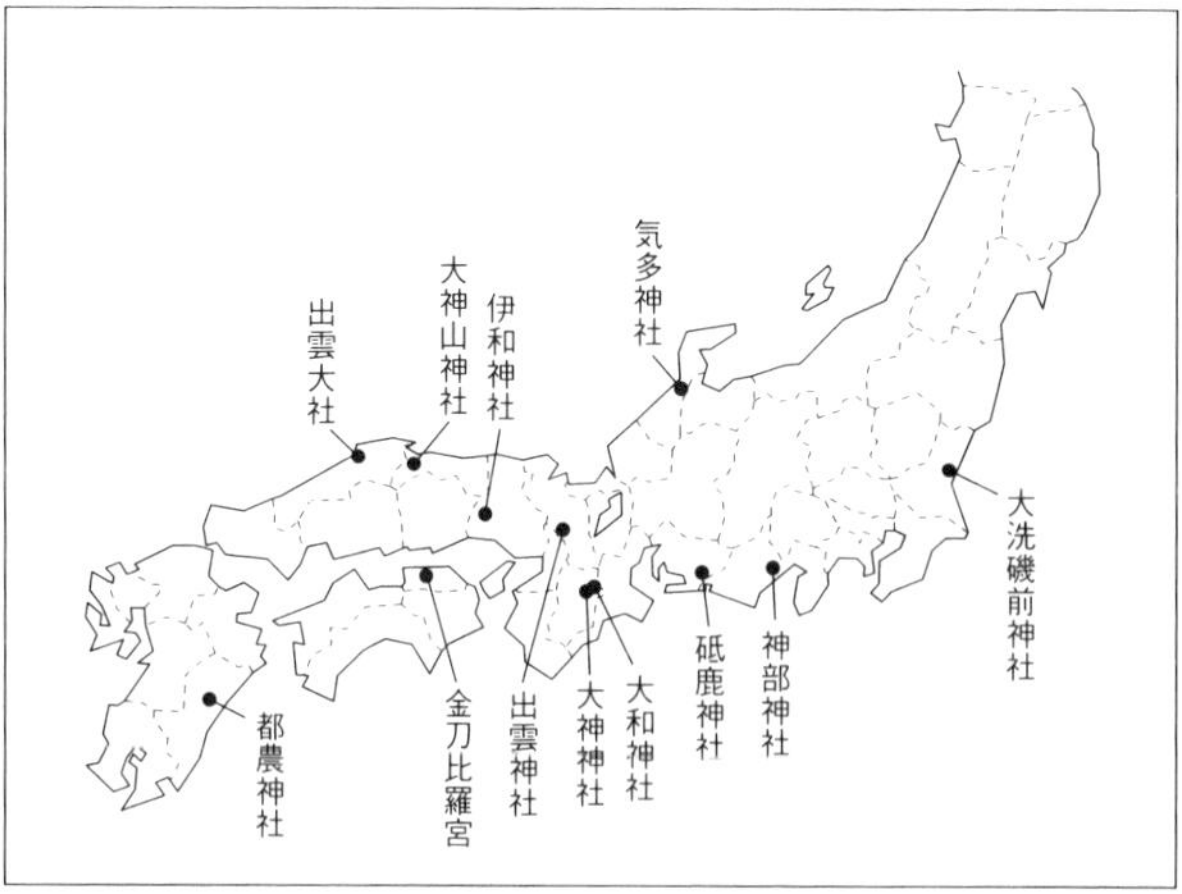

病気の治療法を広め、鳥獣や昆虫の災《わざわ》いを除く呪術をはじめたと記している。

古代には、あらゆる集団が、各自の方法で自分たちの土地をひらいた祖先神をまつっていたのであろう。

●全国に広まっていった出雲の神々

つまり、もとは出雲大社の大国主命だけがオオクニヌシであったのではなく、地域ごとに別々のオオクニヌシがまつられていたのである。

三世紀はじめに誕生した大和朝廷は、三輪山《みわやま》の大物主神《おおものぬしのかみ》を王家の守り神としてまつった。現在、奈良県桜井《さくらい》市の大神《おおみわ》神社でまつられているこの大物主神も、そのようなオオクニヌシの一つにすぎなかった。そして、奈良時代に朝廷が神社にたいする統制を強めたときに、各地のオオクニヌシの神社がまつる農耕神は、すべて出雲大社の大国主命の分霊《ぶんれい》とされた。

これによって、大国主命が土地を守る国津神《くにつかみ》（三章でくわしく述べる）の代表とされたのだ。そのため、今日でも全国に多くの大国主命をまつる神社がみられる。

また、もとは大国主命をまつった神社が、のちに八幡社《はちまんしゃ》や天満宮《てんまんぐう》のようなその時代に人気があった神をまつるものに変えられた例もある。

天照大神の誕生

●皇室の全国支配の開始

日本神話は、天皇の祖先が天照大神《あまてらすおおみかみ》の命令を受けて日本を統治するようになったと説く。『日本書紀』は次のような、「天壌無窮《てんちむきゅう》の神勅《しんちょく》」というものを記している。

「葦原《あしはら》の千五百秋《ちいほあき》の瑞穂《みずほ》の国（日本）は、わが子孫が王たるべき地であるから皇孫《すめみま》（天照大神の孫）であるお前が治め、天地が終わるまで、お前の子孫に皇位を伝えてゆけ」

これをうけて、瓊瓊杵尊《ににぎのみこと》が皇位を象徴する三種の神器《じんぎ》をたずさえて日向国の高千穂《たかちほ》の峰に降《くだ》るのである（63ページ図参照）。そして、尊の曾孫が初代の天皇である神武《じんむ》天皇とされる

（左図参照）。この話によって、皇室の全国支配は正当化された。

前にも述べたように、王家はもとは大物主神（オオクニヌシの別名の一つ）をまつっていたが、六世紀に中央集権化を志向したとき、自分たちと同列のオオクニヌシをまつる地方豪族の上位に立とうと考えた。そのため、新たにオオクニヌシの上位に太陽神である天照大神がつくられた。

●南方系神話と天照大神

しかし、天照大神が人びとになじみのないものでは困る。そこで、朝廷は庶民のあいだ

皇祖神の誕生

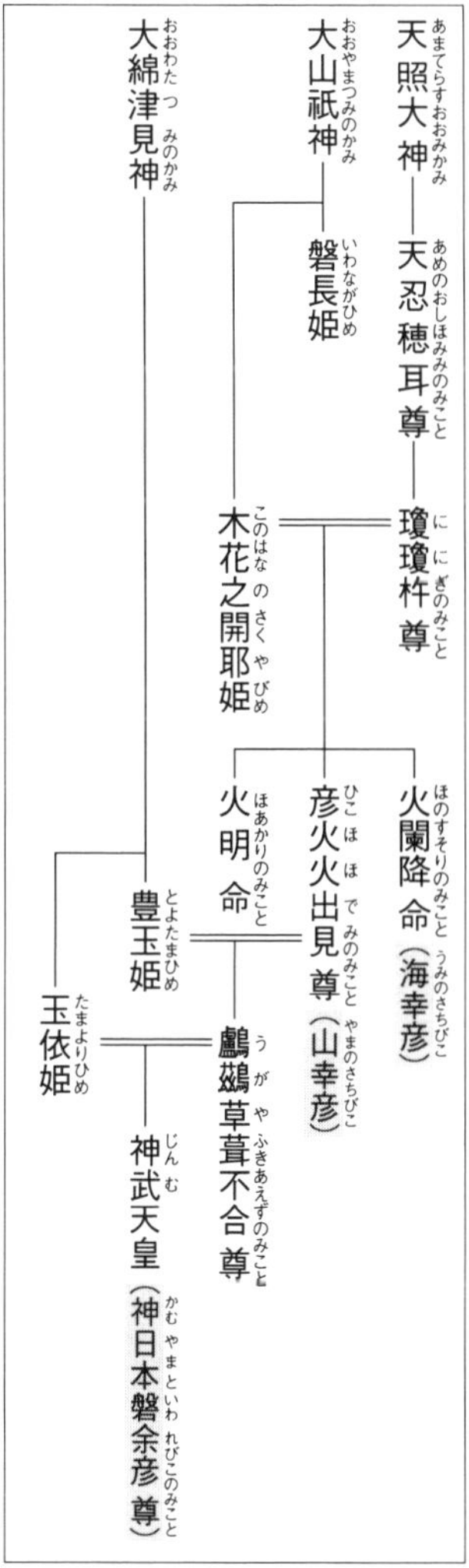

に語り伝えられていた太陽神にまつわる南方系の神話を日本神話にとりこんだ。その物語は、南方と交易した航海民がもちこんだものである。

それゆえ、日本神話には、フィリピン、インドネシア、南太平洋の島々を中心とする範囲の神話と共通する要素が多い。太陽神、月の神、海の神もしくは地の神を兄弟の神とするものや、太陽神の弟の神の乱暴によって日食が起こるという話がそれにあたる。

日本神話における天津神と国津神の系譜

●素戔嗚尊はなぜ、高天原を追放されたのか

日本神話の前半部分は、天津神《あまつかみ》が国津神《くにつかみ》の上位にくる理由を説明することを中心に構成されている。そこには、日本列島をつくった伊奘諾尊《いざなぎのみこと》に三柱《みはしら》の尊《とうと》い子供が生まれたとする話がある（左図参照）。

天照大神と月の神である月読尊《つくよみのみこと》、素戔嗚尊《すさのおのみこと》の三柱である。伊奘諾尊は素戔嗚尊に海原を治めるように命じたが、素戔嗚尊は海は波が騒がしいといってその仕事を嫌った。

これによって父神に追放されたかれは、高天原《たかまがはら》（天の世界）の天照大神を訪れた。しかし、

素戔嗚尊がそこであれこれ乱暴したことによって、天照大神は怒って天岩戸《あまのいわと》にこもってしまった。

このとき、世界は暗闇になった。そこで神々は悩んだすえに天岩戸の前で神楽《かぐら》を舞い、天照大神を岩戸の外に誘い出した。そのため、ふたたび明るくなったが、神々はこのあと太陽神を怒らせて世界を暗くした素戔嗚尊を地上に追放した。そこで尊は、自分の罪によ

天津神と国津神

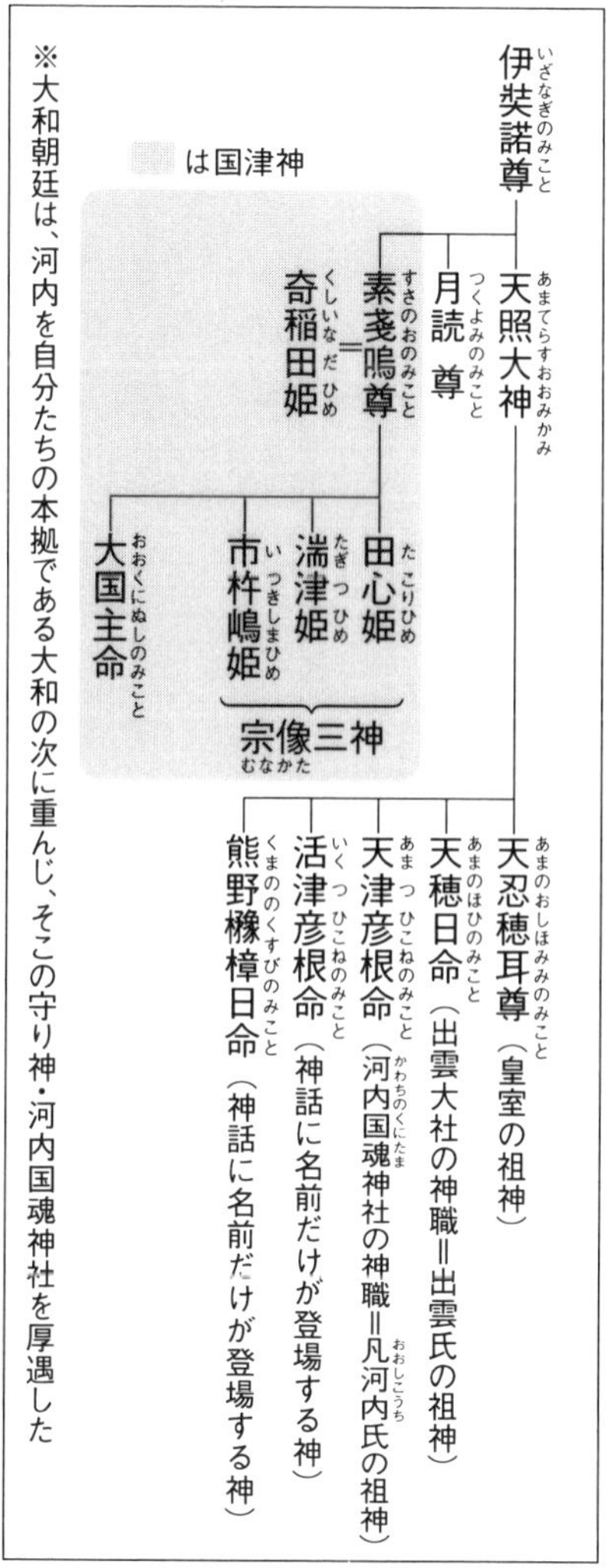

※大和朝廷は、河内を自分たちの本拠である大和の次に重んじ、そこの守り神・河内国魂神社を厚遇した

ってうけた穢れを清めるための祓いを行なったのち、出雲国《いずものくに》に降《くだ》ったとされる。
出雲に降った素戔嗚尊は、八岐大蛇《やまたのおろち》という怪物を倒して大蛇の生贄《いけにえ》にされそうになっていた奇稲田姫《くしいなだひめ》を救う。このあと、尊は姫を妻として出雲に住み、土地をひらいて人びとを指導したとされる。

素戔嗚尊は、この行為によって、よい神としてまつられるようになった。

この素戔嗚尊と奇稲田姫とのあいだの子が、前に述べた国津神の代表である大国主命《おおくにぬしのみこと》である(大国主命を素戔嗚尊の五世孫や尊の六世孫とする系譜もある)。この系譜によって、地上にいる国津神はすべて、いったんは穢れて、のちに祓いによって罪を許された素戔嗚尊の流れをひくものとされたのである。

●神話が教える天皇と地方豪族の関係

天のうえの高天原《たかまがはら》にいる天津神は、地上の小さな存在にすぎない人間がもつようなさまざまな欲望をもたないので、穢れを知らない清らかな神である。ところが、国津神は人間と同じく、ときには罪を犯して穢れることもありうる存在とされるのである。

このことによって、皇室は、人間が生活する地上にいる国津神は人間に近い考え方をする、人間と同列にならびうるものであると主張している。ゆえに、国津神をまつる地方豪

古代人の世界観

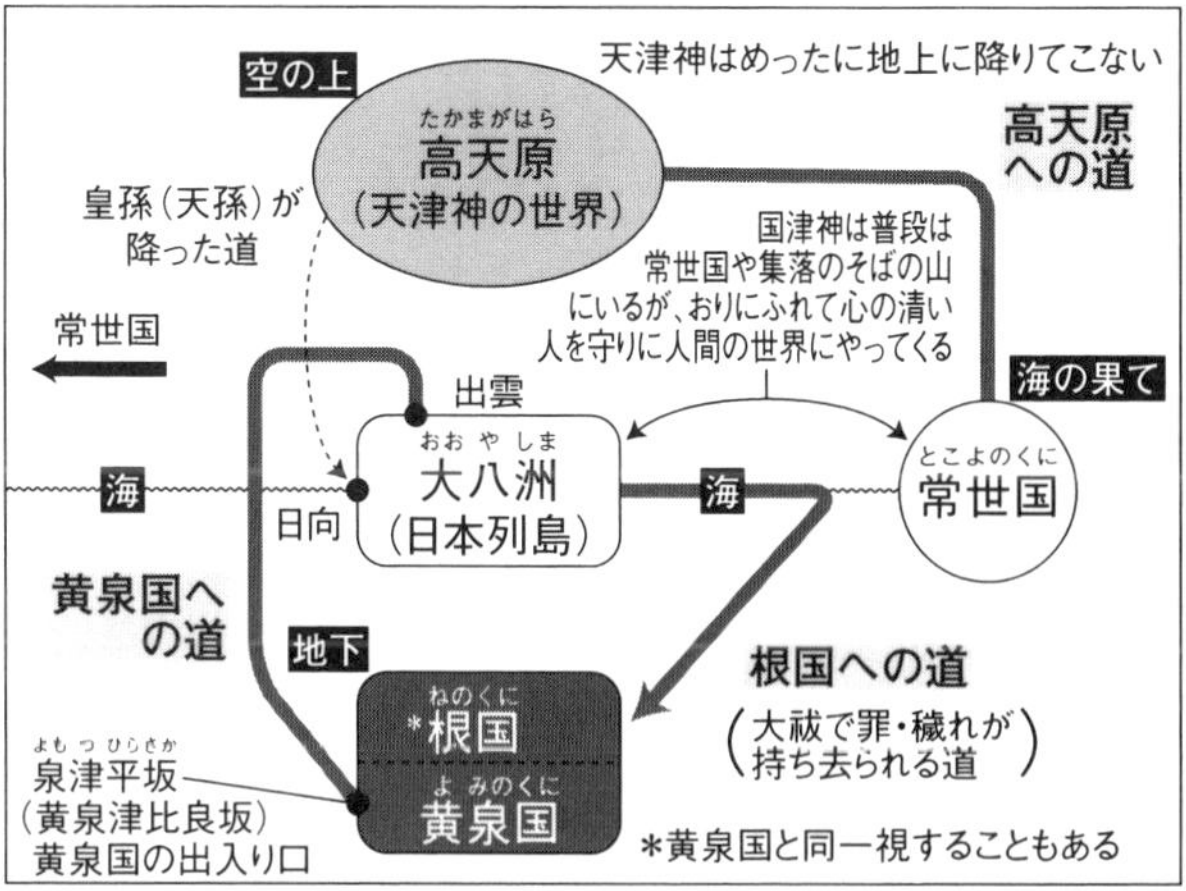

族の政治には、間違いがありうる。

いっぽう、高天原の清らかな神をまつる天皇のふるまいは、つねに正しくあるべきだということになる。

とはいえ、天照大神と国津神とはきわめて近い親戚関係にあるため、天皇は地方豪族たちと協力関係を築かなければならない。このようなかたちで、天皇と諸豪族の協調のうえに立つ国内統治を説くのが日本神話であった。

「天皇は天照大神のように俗世間をはなれたところで祭りを行なうから、地方豪族は大国主命にならってよく農民を統治せよ」

という神話の編集にあたった者の声が聞こえるようである。日本神話の後半部分は、大国主命が天照大神の子孫である瓊瓊杵尊《ににぎのみこと》（58ページ参照）に地上の支配権を差し出す「国譲《くにゆず》り」の物語を中心にくみ立てられている。これは、地方豪族が皇室に従ういわれを物語るものだ。

●天皇は強権的な政治を行なったか

このように、現在伝わる日本神話は、天皇支配を正当化するきわめて政治性の強いものであった。しかし、この神話が天皇のあり方を束縛した面も見落とせない。天皇は朝廷で私欲をもたない神のようなふるまいをすることが、強制されるようになったからである。

このため、天皇は勝手に権力を行使できなくなった。これによって「君臨すれども統治せず」というあり方をとる皇室が長続きすることになった。

自然神と日本創世期の神々の関係

●日本神話では活躍しない神々

前に述べたように、日本ではきわめて古い時代から、山の神、海の神、風の神などのきわめて多くの精霊崇拝にもとづく神々がまつられてきた。縄文時代の遺物には、そのような神々の祭りに用いられたものが多くみられる。

国生みと神生み

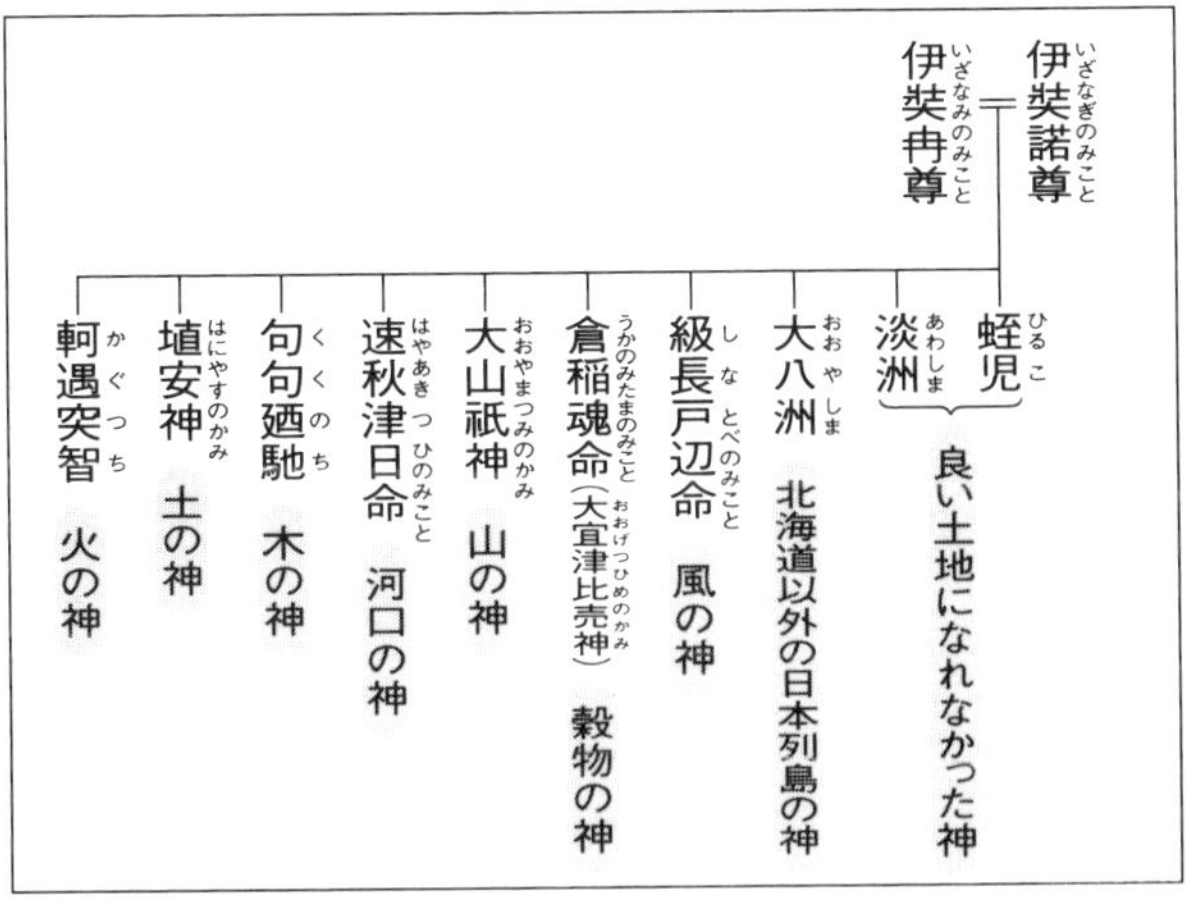

そして日本神話を整えるさいに、そのような精霊崇拝にもとづく神々は、国生《くにう》みを行なった伊弉諾尊《いざなぎのみこと》と伊弉冉尊《いざなみのみこと》とのあいだの子とされた。二柱《ふたはしら》の神が大八洲《おおやしま》を生んだのちに、そこを守る神々（風の神である級長戸辺命《しなとべのみこと》、穀物の神の倉稲魂《うかのみたまの》命《みこと》など）を次々につくったとされたのである（上図参照）。

しかし、そこの神々が日本神話のなかで活躍する場面はほとんどない。

●天照大神を頂点にするための存在

現在でも日本各地に、日本神話に出てこない自然神をまつる神社がある。そして、そのような精霊崇拝にもとづく自然神と、日本神話が大八洲ができたのちに生まれたとする神々との関係も明らかではない。朝廷が地方豪族に、「おまえのまつる風の神の名前を級長戸辺命とせよ」と強制したことは一度もなかった。したがって、国生みのあとに生まれた神々の系譜は、太陽神である天照大神とあらゆる自然神を兄弟関係にするためだけにつくられた観念的なものにすぎないのである。

多様な宗教の融合が生んだ八幡神

●八幡神が武神になった理由

六世紀以降、王家（皇室）が天照大神《あまてらすおおみかみ》を祖先神としてまつり、貴族（豪族）は天照大神の親戚や臣下とされたおのおのの氏神《うじがみ》をまつった。しかし、全国的にみると神信仰には時代ごとの流行がある。

古代には大国主命《おおくにぬしのみこと》を祭神《さいじん》とする神社が多かったが、中世には八幡《はちまん》、天神《てんじん》、熊野《くまの》の信仰がさかんになった。そして、江戸時代に入ると稲荷《いなり》などの富をもたらす神の神社が次々につくられるようになった。

八幡神は、おもに中世の武士に信仰された神で、応神《おうじん》天皇をまつるものである。「後《ご》三年の役（一〇八三～八七年、この戦いは足かけ五年にわたって行なわれた）」という東北地方の戦いに勝利して清和《せいわ》源氏を大きく発展させた源義家《よしいえ》が、石清水《いわしみず》八幡宮の社前で元服して「八《はち》幡《まん》太郎《たろう》」と名乗った。

これによって、八幡神が武士の棟梁《とうりょう》である源氏の守り神とされ、やがて武士全体を助ける武神《ぶじん》とされるようになった。

今日、全国の神社の数は一二万社程度とされるが、そのなかの一万四〇〇〇社余りが八幡宮である。しかし、八幡神の性格はきわめて複雑である。

●八幡信仰が大分から全国に広まった経緯

八幡信仰は、大分県宇佐《うさ》市の宇佐八幡宮から広まった。そこの宇佐神は、もとは海の神であったが、六世紀ごろ宇佐八幡宮に仕える巫女《みこ》たちが呪的医術で信者をあつめた。かれらの呪術は道教にもとづくものであったとされる。

主な神社の数

神社名	神社の数(約)
稲荷社	19,800社
八幡社	14,800社
天神社	10,300社
諏訪神社	5,700社
神明神社	5,400社
熊野神社	3,300社
春日神社	3,100社
八坂神社	2,900社
白山神社	2,700社
住吉神社	2,100社
日吉(山王)神社	2,000社
金毘羅神社	1,900社
恵比寿神社	1,500社

※神社本庁の調べをもとに作成。ただし、神社の数は常に変動している。

大王《おおきみ》（天皇）が病気になったとき、宇佐の巫女が大和に出向いて病気の回復を祈ることがしばしばあった。これにより、王家（天皇家）がしだいに宇佐八幡宮を重んじるようになっていった。

欽明《きんめい》三二年（五七二）、宇佐神が大神比義《おおがのひぎ》という者に「われは応神《おうじん》天皇である」というお告げを下したと伝えられる。これにより、王家と宇佐八幡宮とのつながりがさらに強まった。

そして、奈良時代に東大寺の大仏の建設がなされたときに、宇佐の巫女が朝廷に「奈良に行って大仏づくりを見守りたい」という八幡神の神託を伝えた。これに従って東大寺のそばに手向山《たむけやま》八幡宮が建てられた。

ついで、平安時代はじめには、京都に近い男山《おとこやま》に、石清水八幡宮がつくられたが、皇室は、これを祖神《おやがみ》および京都の守護神とした。

八幡宮の神道は、奈良で仏教と融合し、のちには東国の武家のさまざまな宗教的習俗が八幡信仰にとり入れられることになった。

このようにして、八幡信仰は古代の神道と道教、仏教、東国の民間信仰などを吸収しながら、独自のものへと発展していったのである。

八幡信仰の変遷

1世紀頃	●宇佐《うさ》（大分）の首長が海の神をまつる
6世紀頃	●呪的医術をはじめる（←道教の影響）
	●571年　八幡神を応神《おうじん》天皇とする
8世紀	●奈良の大仏鋳造を機に託宣神として中央に進出 東大寺のそばに「手向山《たむけやま》八幡宮」を勧請《かんじょう》 仏教との融合
	●宇佐神託事件 （僧・道鏡《どうきょう》が、かれを天皇にせよという神託をでっちあげるが、和気清麻呂《わけのきよまろ》に阻止される）
9世紀	●859年　僧・行教《ぎょうきょう》が「石清水《いわしみず》八幡宮」を勧請 （皇室がこれを祖神《おやかみ》および京都の守護神としてあがめたため、伊勢につぐ本朝第2の宗廟といわれる）
11世紀	●清和《せいわ》源氏の氏神《うじがみ》とされる （広く武人の守護神とされ、全国に勧請される）
	●1063年　源頼義が鎌倉に「鶴岡《つるがおか》八幡宮」を勧請

御霊信仰から発展した天神

●菅原道真の左遷と天災

菅原道真《すがわらのみちざね》をまつる天満宮や天神社は現在、全国に一万社余り存在する。いまでは、天神社を学問の神と考えている人が多いが、中世の天神社は商工民の神であった。

そのころ農村では、大国主命《おおくにぬしのみこと》などをまつる古くからある農耕神が重んじられていた。しかし、農村から離れて新たに都市にあつまった商工民の集団は、そのような農耕神をまつる共同体にくわわることができなかったために、新たに自分たちの守り神として天満宮をおこしたのである。

菅原道真は、宇多《うだ》天皇、醍醐《だいご》天皇の引きたてを受けて右大臣に出世したが、左大臣藤原時平《ときひら》の陰謀によって九州の大宰府《だざいふ》に左遷された。そして、かれが延喜《えんぎ》三年（九〇三）にその地で亡くなると、天災があいついだ。

●各地に天満宮、天神社がある理由

当時の貴族のあいだに、政争で敗れた者の霊が怨霊《おんりょう》となって祟《たた》るとする考えが広まって

いた。これは、平安時代はじめごろに中国から入った道教的発想からくるものである。

菅原道真以前にも、怨霊をまつる御霊《ごりょう》信仰の広まりはみられたが、道真が亡くなったことをきっかけに、「道真が没後に雷の神となって祟っている」という噂が広まり、貴族たちが天災をしずめようと大がかりな道真の祭りを行なうようになった。御霊信仰の最盛期が訪れたのだ。こうして、各地に天満宮、天神社がつくられるようになった。

●道真はなぜ商工民の神になったか

菅原道真が活躍した時代は、平安時代の貴族政治の転換期であった。それまでは、地方豪族の意向をくむような政治がなされてきたが、そのころ、中央で藤原氏による独裁体制が確立したことにより、国司(受領《ずりょう》)の力で民衆を抑えつけたうえでの貴族の専制が志向されつつあった。

それにたいし、地方では、古代の小国の首長の系譜をひく豪族が後退し、村落の小領主である武士や農村の秩序の外にある商工民が成長しつつあった。菅原道真は、そのような実情をふまえて地方の人びとのためになる政治を行なおうとし、藤原氏に憎まれた。

こうしたいきさつによって、貴族のあいだに道真の怨霊騒ぎがはじまったことをきっかけに、武士や商工民が道真をまつりはじめた。そして、平安時代末期に八幡信仰が流行し、武士が天神に代わって八幡神をまつるようになった。ゆえに、それ以降、天神が商工民の神とされたのだ。

●朱子学者の天神信仰と学問の神

江戸時代に、稲荷信仰や七福神信仰などの新たな福の神の祭りが広まったことによって、天神と商工民とのつながりは後退していった。

それとともに、幕府の保護を受けた朱子学者の天神信仰がさかんになった。かれらは、道真の詩文を読み、道真をすぐれた詩人や儒学者として尊敬したのである。

この動きがもとになって、明治時代以降に、庶民のあいだにも天神を学問の神とする考えが広がっていった。今日、各地の天満宮、天神社に受験合格を祈る若者の姿が多くみられるのには、そういった歴史的背景があったのだ。

熊野の神と稲荷の神

●そこはあの世につらなる地

大和朝廷の人びとは、かれらの本拠の南方に広がる吉野《よしの》から熊野《くまの》にかけての山岳地帯を神聖な他界と考えていた。とくに、熊野の海岸はあの世につらなる地とされた。

神武東征伝説のなかに、大和をめざす磐余彦《いわれびこ》（初代の天皇である神武天皇）が、熊野で怪しい熊に出会って気を失う話を記している。このあとかれは、天照大神から下された剣《つるぎ》を得て元気をとりもどす。

これは、神武天皇の死と再生をあらわす話とされる。この熊野の土地を守る神をまつるため、熊野三社がつくられた。それは、本宮《ほんぐう》の熊野本宮大社、新宮《しんぐう》の熊野速玉《はやたま》大社、那智《なち》の熊野那智大社とからなる。

中世の熊野の修験者《しゅげんじゃ》（山伏《やまぶし》）の布教によって（122ページ参照）、各地に熊野神社がつくられた。そのため、今日では、全国に三〇〇〇社余りの熊野社がある。

●渡来系豪族の神が流行神に

稲荷《いなり》信仰は、京都の伏見《ふしみ》稲荷大社から広まった。そこは、京都盆地に勢力を張った渡来系の有力豪族、秦《はた》氏によってひらかれたものである。

稲荷社は、農耕神である倉稲魂命《うかのみたまのみこと》をまつるもので、もとは各地の渡来系の豪族によって広められた。

ところが、江戸時代に稲荷神は流行神の一つとなり、商売繁盛の神とされた。

今日、全国に二万社近くの稲荷社がある（このほかにも、稲荷神をまつる小さな社《やしろ》は多い）。もっとも数の多い神社が稲荷社である。

海の神と山の神

●神は海や山からやってきた

古代人は、神々は人間が生活する農村の外にある山や海から来ると考えていた。そして、そのような外の世界から来た神は、人びとにまつられることによって土地の守り神である農耕神とされた。

弥生時代後期にあたる二世紀なかばから末にかけて、小国の首長が治める農村は急速に豊かになった。これは、邪馬台国《やまたいこく》連合の成立や大和朝廷の起こりにはじまる、日本統一に向けての動きの第一歩となるものであった。

この時期に小国の首長がまつる神は、大国主命《おおくにぬしのみこと》、国魂《くにたま》などとよばれる共通の性格のものに統一されていった。

そして、この段階で、農耕神はふだんは集落のそばの比較的低い山にいると考えられるようになった。そのため、遠くの高い山にいる神や海の神が、農村の守り神とは別の神としてまつられるようになった。

首長が公的にまつる大国主命（国魂）のほかに多くの神が存在しえたことは、個人の信仰をもっとも重んじる神道の自由な性格からくるものである。

●恵比寿に豊漁を願った理由

弥生時代にまつられた海の神のなかでよく知られたものに、「恵比寿《えびす》（恵比須）神」がある。それは、海岸に流れついた見慣れないものを「えびす（よその世界の異様なもの）」とよんで海の神からの贈り物としてまつる習俗から起こった神である。古代人は、それを拝むことを通じて豊漁を願った。

日本神話が整えられるなかで、そのような恵比寿神は、大国主命の子の事代主命《ことしろぬしのみこと》であるとされるようになった（このほかに、伊奘諾尊《いざなぎのみこと》と伊奘冉尊《いざなみのみこと》とのあいだの子供の蛭児《ひるこ》を恵比寿神とする伝えもある）。

このほかにも、大国主命の国づくりを助けた少彦名命《すくなひこなのみこと》や、玄界灘《げんかいなだ》沿岸の有力な航海民である胸形《むなかた》氏が航海安全の神とした宗像《むなかた》神社の宗像三神《むなかたさんしん》などの、多くの海の神がまつられている。

●現代に受け継がれる聖なる山

古い時代には、あらゆる山が神としてまつられていたと思われる。その名残《なごり》で、現在でも富士山、浅間山《あさまやま》、大山《だいせん》などの神聖な山にたいする信仰があちこちにのこっている。しかし、大国主命のような農村の守り神の祭りがさかんになるにつれて、海の神や山の神にたいする信仰は後退していったと考えられる。

朝廷は神話を整えるにあたって、国内で信仰されている神々をなるべく多く天照大神を中心とする神系図にくみ込もうとした。そのため、少彦名命が造化三神《ぞうかさんしん》の神皇産霊尊《かみむすひのみこと》の子となり（36ページの図参照）、宗像三神が素戔嗚尊《すさのおのみこと》の娘とされた（61ページの図参照）。伊奘諾尊と伊奘冉尊とのあいだの子として、全国の山の神の元締《もとじめ》としての大山祇神《おおやまつみのかみ》がおかれた（65ページの図参照）。そうであっても、古代の朝廷の支配のもとで日本神話の系譜にないさまざまな神をまつることが許されていたことに注目したい。

●様々な神をとりこみ発展し続ける神道

日本神話が確立したことにより、全国のおもだった神社がすべて大国主命をまつるものになったわけではないのである。奈良時代以後にも、次項にあげるようなさまざまな外来の神が日本に入ってきている。

そして、のちに八幡神、天神、熊野、稲荷などの信仰が流行すると、新たな信仰にもとづく神社が多くあらわれる。宇佐八幡宮から分かれた八幡社が多く建てられ、それとともに、大国主命をまつっていた神社の一部が八幡社に転換する。こういった現象が幾例もみられるのである。このように、奈良時代に朝廷の中央集権が実現して日本神話が完成したのちにあっても、神道はたえず発展しているのである。

渡来神と陰陽道の神

●中国、朝鮮から渡来した神

ここでは、外来の信仰が神道のなかにくみ入れられた例をあげていこう。

日本神話の完成以前に中国や朝鮮半島から渡来した神は、「今来神《いまきのかみ》」や「蕃神《ばんしん》」とよばれた。朝鮮半島の神を韓神《からかみ》、中国の神を漢神《からかみ》とよぶこともあった。

古い時代の今来神の例として、新羅《しらぎ》からきた阿加留比売《あかるひめ》(阿加流比売)をまつる比売許曽《ひめこそ》神社(大阪市東成区《ひがしなり》)、天日槍《あめのひぼこ》を祭神とする出石《いずし》神社(兵庫県出石郡)などがある。これらは、渡来人の集団が日本に移住してきたときにおこしたものである。

ついで、平安時代以後に神仏習合《しんぶつしゅうごう》の考えが広まったことによって、仏教的な神もまつられるようになった。三井寺《みいでら》をひらいた僧円珍《えんちん》は、そこに護法神《ごほうしん》（仏を守る神）として新羅明神《しんらみょうじん》の神社をおこした。この神は、円珍が帰朝する船のなかにあらわれ、仏法を守護すると円珍に約束したと伝えられる。

●陰陽師がもちこんだ道教的な神

このほかに、もとは仏教の守護神であったものでのちに庶民に広く信仰されたものも多い。火の神として台所を守るといわれる三宝荒神《さんぼうこうじん》や七福神の一つとされた大黒天《だいこくてん》や毘沙門天《びしゃもんてん》は、本来は仏教の武神である。

平安時代の貴族のあいだに陰陽道《おんみょうどう》にもとづく占いが大流行した。このことによって、陰陽師《おんみょうじ》とよばれる占い師の手で陰陽道の道教的な神が日本にもちこまれている。方位の吉凶をつかさどる歳徳神《としとくじん》、金神《こんじん》や疫病しずめの牛頭天王《ごずてんのう》は、その代表的なものである。

牛頭天王の信仰はもともとインドで起こり、中国で道教と融合した。そして、日本に入ったのちに神道にとり込まれ、牛頭天王は素戔嗚尊《すさのおのみこと》だとされるようになった。牛頭天王と習合した素戔嗚尊は、京都の八坂《やさか》神社（祇園社）を中心とする各地の祇園系の神社でまつられている。

出雲系の神社の信仰に縁のない京都で、出雲系の素戔嗚尊がまつられるようになったのである。この例にみられるように、神道の信仰は古代人の予想のつかないかたちで広がり現代にいたっている。

八百万の神の系譜

●神社の起こりは多種多様

現代の日本では、きわめて多くの神々がまつられている。それは、代々の権力者たちが神道の本来のあり方に規制をくわえてこなかったことによるものである。

なにかをまつる集団がいれば、そこに神社ができる。そのため、きわめて多くのものが神とされた。神社の発祥のいろいろを図にしてみたが、このなかには、本来の神道にはない外来の信仰が神道化することによってつくられたものもある。

庶民設立型神社や寺院転向型神社は、明らかに仏教の影響によってつくられたものである。

●民間信仰が神社に発展

古代の朝廷の神社統制は、すべての神社が農村の共同体がまつる土地の守り神である産土《うぶすな》型神社であるとする前提のもとに行なわれた。しかし、奈良時代から平安時代にかけて、すでに、八幡《はちまん》信仰などの特定の神の祭りを広めた勧請《かんじょう》型神社や人間を怨霊《おんりょう》としてまつる御霊《ごりょう》型神社がつくられた。

これは、朝廷の神祇官《じんぎかん》が全国の産土型神社を支配するかたちを崩すものであった。北野天満宮のように、民衆が神祇官の許可なしに御霊をまつる神社をおこしたのちに、朝廷がその神社の存在を追認してささげものをするようになった例が次々に生じたのである。

これは、御霊にたいする民間信仰が神社に発展したものである。そして、江戸時代には多様な民間信仰が流行し、それにもとづく神社が数多くつくられた。

●皇室の神道と民衆の神道

こうしたいきさつをみると、神道をささえてきた人間が、じつは無数の無名の民衆であったことがわかる。

神とは、本来は個人が思い思いにまつるものであって、神々のあいだに上下関係や序列はない。しかし、一つの時代の社会状況が信仰のあり方を決め、人びとに重んじられる神

神社の発祥

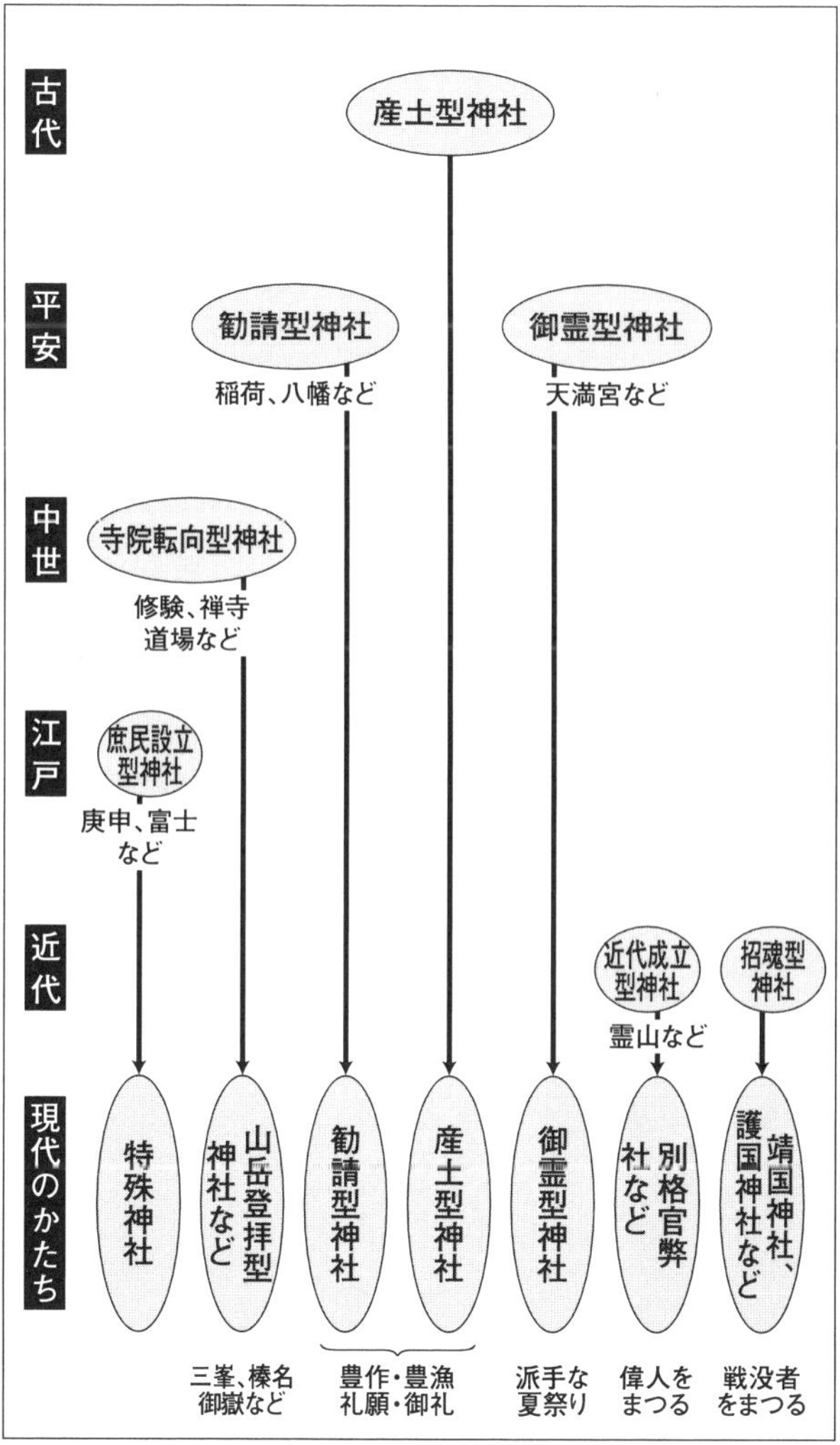
古代
平安
中世
江戸
近代
現代のかたち
産土型神社
勧請型神社
稲荷、八幡など
御霊型神社
天満宮など
寺院転向型神社
修験、禅寺
道場など
庶民設立型神社
庚申、富士
など
近代成立型神社
霊山など
招魂型神社
特殊神社
山岳登拝型神社など
勧請型神社
産土型神社
御霊型神社
別格官弊社など
靖国神社、護国神社など
三峯、榛名
御嶽など
豊作・豊漁
礼願・御礼
派手な
夏祭り
偉人を
まつる
戦没者
をまつる

を生み出した。

農村の共同体の構成員がそろって村落の守り神をまつろうとする考えの強かった江戸時代以前にあっては、地方の産土型神社が今日よりはるかに力をもっていた。

皇室は、天照大神などの天津神が尊《とうと》い神だとする。しかし、実質的に人びとに好まれた稲荷《いなり》神社、八幡神社などの神が、多数の分社をおこした有力な神となっている。

今日、天照大神をまつる神明《しんめい》神社が五四〇〇社余り存在するが、その大部分は、皇室ではなく、中世以降に、伊勢の御師《おんし》の活躍によってひらかれたものである。神棚に、氏神のお札とともに伊勢神宮の大麻《たいま》をまつる習俗（178ページ参照）は、御師が広めたものである。

このような神社の歴史をみていくと、日本人が神を信仰するかぎり、神社が滅びることはないと思えてくる。

3章

●時代と共に変わる神道——

様々な宗教を受け入れる神道の懐の深さ

現代の科学の発展に欠かせない神道

●近代科学と宗教は相反するものか

世界の宗教の大部分は、きわめて排他的である。自分たちのもつ信仰が、他者とは異なる唯一の正しいものだと主張することによって成り立つ宗教も多い。それゆえ、似た性格をもつキリスト教、イスラム教、ユダヤ教の三者が、長期にわたって対立してきた。そのことによって、今日まできわめて多くの国際紛争が起こった。

これにくらべると、神道はきわめて柔軟な性格をもっている。神道を信仰する者が、ほかの宗教を排撃することはまずない。江戸時代はじめのキリシタン（キリスト教徒）弾圧は、宗教対立にもとづくものではない。それは、アジアでの植民地支配をめざすスペインなどを日本から排除しようという政治的要因で起こったものだ。

神道は、これまでに異文化のよいものを次々にとりこんできた。しかし、「人びとが生命力に満ちた楽しい暮らしをすること（産霊《むすひ》）を最大の善とする」神道の本質は、昔も今も変わらない。

現在、世界中で「近代科学は宗教と対立するものであろうか」という議論が、まじめになされている。科学の発展が人類を幸福にするものであるなら、神という理解不可能なものをあがめる非合理な宗教はわれわれには不必要ではないかというのだ。

●宇宙開発になぜ神道が欠かせないのか

平成一四年（二〇〇二）九月一〇日、日本の科学の先端をゆく宇宙ロケット「H2A」の打ち上げが行なわれた。これにあたって、鹿児島県の種子島《たねがしま》の宇宙センターの技術者たちは、そろって近くの宝満《ほうまん》神社に参拝した。宝満神社は、その土地を守る氏神《うじがみ》である。

ロケットは人間がつくったものであるから、その製作過程で間違いが一つもなかったとはいいきれない。そこで人事を尽くしたのちに、神に成功を祈ろうというのだ。

茨城県の筑波《つくば》山麓にある宇宙衛星センターの人びとは、衛星の打ち上げのたびに、その成功を土地の守り神である筑波山《つくばさん》神社に祈願《きがん》する。文部科学省の深海観測船「しんかい」船内では、船を守る船霊《ふなだま》の神がまつられている。

こういった例は、きわめて多い。交通安全のお守りをおいて最新の科学技術の成果をつめこんだ自動車を運転している人も少なくない。日本人は、最新の科学技術であっても、神の加護《かご》のもとで運用しなければならないとする発想を強くもっている。

●クリスマスはじつは神道行事だった?!

今日の日本のクリスマスのあり方は、神道行事に似た性格のものに変わってしまった。人びとは、クリスマスパーティーをひらいては歓談を楽しみ、プレゼントを交換する。このかたちは神道の祭りそのものである。日本の古い伝統をふまえた忘年会やお歳暮のやりとりを「クリスマス行事」の名で行なう者がふえただけである。

クリスマスの日に真剣に、ユダヤ人イエスの誕生を祝おうと考える者はごく一部である。教会で心静かに礼拝をする西洋のクリスマスは、明らかに日本のそれとは別物である。つまり、「お祭り好きな日本人が戦後になって、クリスマスという新たな日本の祭りをつくった」と考えるほかない。キリスト教の宗教行事まで日本化していく神道の柔軟さはいったいどこからくるのだろうか。

縄文人が好んだ「円の発想」とは

●竪穴住居は平等を重んじた証

神道は、きわめて古い時代の日本列島で発生したと考えられる。しかし、その詳細は明らかではない。

縄文時代（紀元前一万三〇〇〇〜紀元前二〇〇〇年ごろ）になると、ようやく考古資料が豊富になり、縄文人の信仰のありかたを推測できるようになる。

かれらは「円の発想」という、すべてのものを平等に扱う考えをもとに生きていた。縄文人は円形を好んだ。円形がかたよりのない世界をあらわすと考えたからであろう。この発想から縄文人は円形の広場を中心に生活した。

縄文人が住む竪穴《たてあな》住居のつくりには、身分の上下、貧富の差はみられない。かれらの住居は、誰もが対等の関係で生活を営もうとする考えから、まるい広場のまわりにつくられた。平等な立場の人間が、円形にあつまり仲よく生活していたのだ。

縄文と弥生の信仰

縄文的要素	弥生的要素
精霊崇拝	祖霊信仰
円の発想	区分の発想
共有財産制	私有財産制
平等の保障	身分制

ところが弥生時代になると、人びとは自分の家の領域を囲いこみ、家の広さで身分をあらわすようになった。

そして、一つの集団の指導者や祭司となった人間は、集落のなかのもっともよい位置に住居をかまえた。

●なぜ貝塚から人骨が出土するのか

このような「円の発想」は、古代社会に広くみられる精霊崇拝《せいれいすうはい》（アニミズム）から生じたものである。これは、世界にはきわめて多くの精霊が存在するとする考え方だ。人間も、動物や植物も、精霊をもつ。さらに、風、雨などの自然現象を起こす精霊もある。

そして、あらゆる精霊が平等な存在とされた。縄文時代の集落のそばにつくられた貝塚《かいづか》からは、動物の骨、貝殻、植物の種子、壊れた道具などとともに、死者の人骨が出土する。このことは、縄文人が貝塚はごみ捨て場ではなく、役割を終えた精霊をまつる場所だと考えていたことをしめしている。

縄文人が崇めた「四大精霊」

●世界中でみられる精霊崇拝

精霊崇拝における精霊の概念は、前（29ページ）にしめした神道の「神」のあり方にきわめて近い。文化人類学者の多くは、すべての民族はきわめて古い時期に精霊崇拝の段階を経験したと考えている。

一六世紀ごろ、ヨーロッパ人がアジア、アフリカ、南北アメリカ、オセアニアの広範囲に進出したとき、そこに精霊崇拝を通じてまとまった小集団（共同体）がみられた。近代の文化人類学者が、そのなかのいくつかの実情を伝える貴重な記録をのこしている。

場所によっては、二〇世紀なかばごろまで、精霊の心のままに生きる平等な社会をつくった集団がいた。かれらの生活は質素であったが、かれらは互いに強い信頼関係で結ばれ、あるがままのものを受け入れる心の柔軟さをもっていた。

しかし、近代化がかれらを競争社会へと追いこむことになった。

●ただの土がなぜ土器になりえたか

縄文文化は、精霊崇拝の範囲のなかで発展していった。縄文人はうずまきの形、雷の形など、さまざまな呪的文様《もんよう》で土器を飾った。これは、神々の力のおかげで土器をつくることができると考えたからだ。

考古学者は、土器の製作は人類にとっての大きな驚異であったと考えている。ただの粘土が、土器という土とまったく性格の異なるものに変わるからである。この土器は、土と火がなくては生成しない。さらに、土をこねるときには水が必要であり、風を送らねば火が燃えない。

そうしたことから、縄文人は、多くの精霊のなかの自然界を構成する「地《ち》・水《すい》・火《か》・風《ふう》」の四大精霊をとくに尊敬する気持ちをもつようになった。かれらは、「地・水・火・風の精霊の力があわさってはじめて、土器という不思議なものができる」と考えたのだ。

このようにして、古くは平等であった精霊のあいだに序列が導入されていき、それが古代の神道へと発展していった。

弥生時代に祖霊信仰が誕生した背景

●先祖の霊が農耕神になる

紀元前二〇〇年ごろ弥生時代がはじまり、日本人は農地を開発して水稲《すいとう》耕作によって食糧を得る生活をはじめた。これによって、神道の性格も、変わらざるをえなくなった。

縄文人のあいだでは火の信仰が強かった。ところが、弥生人は火よりも稲を育てる太陽と水の恵みを重んじるようになった。弥生時代の水田が川のそばにつくられたので、かれらは、河川の水源となる山に水の神、つまり農耕神がいると考えた。

それとともに、前に述べたように、弥生時代に農耕地をつくってくれた祖先の霊にたいする信仰が高まった。そこから、祖霊が山にあつまって子孫を見守る農耕神となるとする祖霊信仰が生まれた。

●弥生人は青銅の祭器に何を願ったか

弥生時代に銅鏡《どうきょう》、銅剣《どうけん》、銅矛《どうほこ》、銅鐸《どうたく》などの青銅《せいどう》の祭器《さいき》が広まっている。そして、このなかの銅鏡は太陽神をまつったもので、銅鐸は水の神に供えたものであると考えられている。

太陽の光を反射する銅鏡は、太陽神の分身として祭壇にまつられた。銅鐸は水源地に埋められた。銅鐸の表面に水をあらわす波模様や渦巻模様が描かれることも多い。銅剣や銅矛は悪い霊を追いはらう力をもつものとされた。

しかし、太陽の神と水の神とが重んじられた弥生時代でも、あらゆるものに霊の存在を感じる日本人が、縄文時代の精霊崇拝の要素を強く受け継いでいた点は見落とせない。

大和朝廷の起こりと古墳の出現

●日本最古、纏向石塚古墳の出現

今日の神道は、天皇制と深く結びつくかたちをとっている。それは、皇室の祖先とされる伊勢神宮《いせじんぐう》の天照大神《あまてらすおおみかみ》が、「八百万《やおよろず》の神」とよばれる日本のあらゆる神々の指導者とする考えのうえにつくられた。

このような主張は、六世紀はじめの大和朝廷の急成長のなかで芽生え、七世紀末ごろの律令制支配の発展のなかで完成された。

最新の考古学の成果によれば、大和朝廷は紀元二二〇年ごろにつくられたのではないかとされている。それは、最古の古墳とされる奈良県桜井市《さくらいし》の纏向石塚《まきむくいしづか》古墳がその時期につくられたことによるものである。

纏向石塚古墳のまわりには、面積約一平方キロメートルにおよぶ有力な纏向遺跡がある。その遺跡は奈良盆地東南部にあり、そのそばに神聖な山としてまつられた三輪山《みわやま》がある。

●朝廷の守り神はどこにいるか

纏向遺跡を起こした人びとは、自分たちを治める首長（大王《おおきみ》）を、三輪山の神（山にあつまる精霊の集団）をまつる最高位の祭司《さいし》と位置づけたとされる。三輪山の神は、つねに大王のそばにいて、大和朝廷の人びとを守る。

そして、大王が亡くなると、その霊は三輪山の精霊のなかの一つとなる。こうした考えから、三輪山の神の祭りの場の一つとして、人工の山である古墳が築かれるようになった。

神は自由にあちこちを行き来するものだと考えられていた。そのため、大和朝廷の守り神はおもに三輪山にいるが、必要に応じてあちこちの大王の古墳にもあらわれるとされた。

そして、人びとは三輪山でも大王や王族の古墳でも、三輪山の神をまつるようになった。集団の指導者である首長の霊をとくに重んじるこのような信仰を、首長霊信仰《しゅちょうれいしんこう》という。

大和朝廷の庶民の祖霊は三輪山にあつまり、大王の首長霊の指導のもとですごすとされた。しかし、この段階の首長霊信仰は、大王の直接支配を受けた奈良盆地東南部の一部（纏向遺跡）の人びとの霊だけが、神々（精霊）の世界において天皇家の霊に従うとするものにすぎなかった。

儒教の「天」の思想が生んだ天津神と国津神

●渡来人が伝えた儒教思想とは

日本の神々は、天の神である天津神《あまつかみ》（天神《てんじん》）と地の神である国津神《くにつかみ》（地祇《ちぎ》）とに分けられている。そして、天照大神《あまてらすおおみかみ》などの天津神は、大国主命《おおくにぬしのみこと》などの国津神より尊《とうと》いものとされている。

この区別は、五世紀末に渡来人《とらいじん》（朝鮮半島南部からの移住者）が伝えた儒教思想によってつくられたものである。中国には「天神地祇《てんじんちぎ》」という言葉があり、天の神である天神を地の神である地祇よりはるかに上位のものとする。これは、すべての出来事を天の意志として、人びとは天意に従って生きるべきだとする原始的段階の儒教思想によってつくられたものである。

首長霊信仰が生まれた段階の大和朝廷の内部では、まだ誰もが平等だとする原始的な共同体の発想がのこっていた。大王を出す王家は祭司の家として重んじられたが、その権力は強くなかった。また、王家に従った豪族の独立性も強かった。かれらは思い思いの神を自分が支配する集団の首長霊としてまつっていた。ところが、それから長い時間をかけた王家の成長によって、六世紀に王家による全国支配が志向されるようになった。

●天に立った天照大神とその下の山の神

この六世紀のごく初期の段階で、王家は三輪山の神に代わってより格の高い太陽神である天照大神を自家の祖神《おやがみ》とした。そして、国内のすべての神を天照大神の親族、もしくはその配下であるとする神話づくりをはじめた。これによって中央の有力豪族の祖先神などの王家のお気に入りの神々が天津神とされ、それ以外の神である国津神の上位におかれた。

天津神と国津神

天津神	伊奘諾尊《いざなぎのみこと》以前の神々（天御中主尊《あめのみなかぬしのみこと》など）、 天照大神《あまてらすおおみかみ》、月読尊《つくよみのみこと》、 天照大神に仕える神々（天児屋根命《あめのこやねのみこと》〈藤原氏の祖神《おやがみ》〉など）、 その他（星の神など天にかかわる神）
国津神	素戔嗚尊《すさのおのみこと》、 素戔嗚尊の子孫の神々（大国主命《おおくにぬしのみこと》、事代主命《ことしろぬしのみこと》など）、 伊奘諾尊・伊奘冉尊《いざなみのみこと》の子孫で地上に降《くだ》った神 （大山祇神《おおやまつみのかみ》〈山の神〉など）、 『日本書紀』に出てこない各地の人が独自にまつった神

このとき、大物主神は国津神とされた。

こうした天照大神信仰の成立とともに、神々の世界である高天原《たかまがはら》が構想された。それまでは、神は人びとがあつまって暮らす集落のそばの山にいると考えられていた。しかし、高天原神話が整備されたのちには、格の高い天津神は人びとが行けない空の上の高天原におり、格の低い国津神は山にいて、人びとが生活する集落を見下ろするとされるようになった（63ページ参照）。

天照大神信仰成立以前の神信仰のあり方をかりに「出雲的神観念」とよび、天照大神を中心におく信仰を「大和的神観念」とよんでおこう。神道を扱うさいには、この両者を区別して考える必要がある。神道は、出雲的なものと大和的なものが複雑に絡み合いつつ発展し、今日に至っている（次ページ参照）。

大和的神観念と出雲的神観念の違い

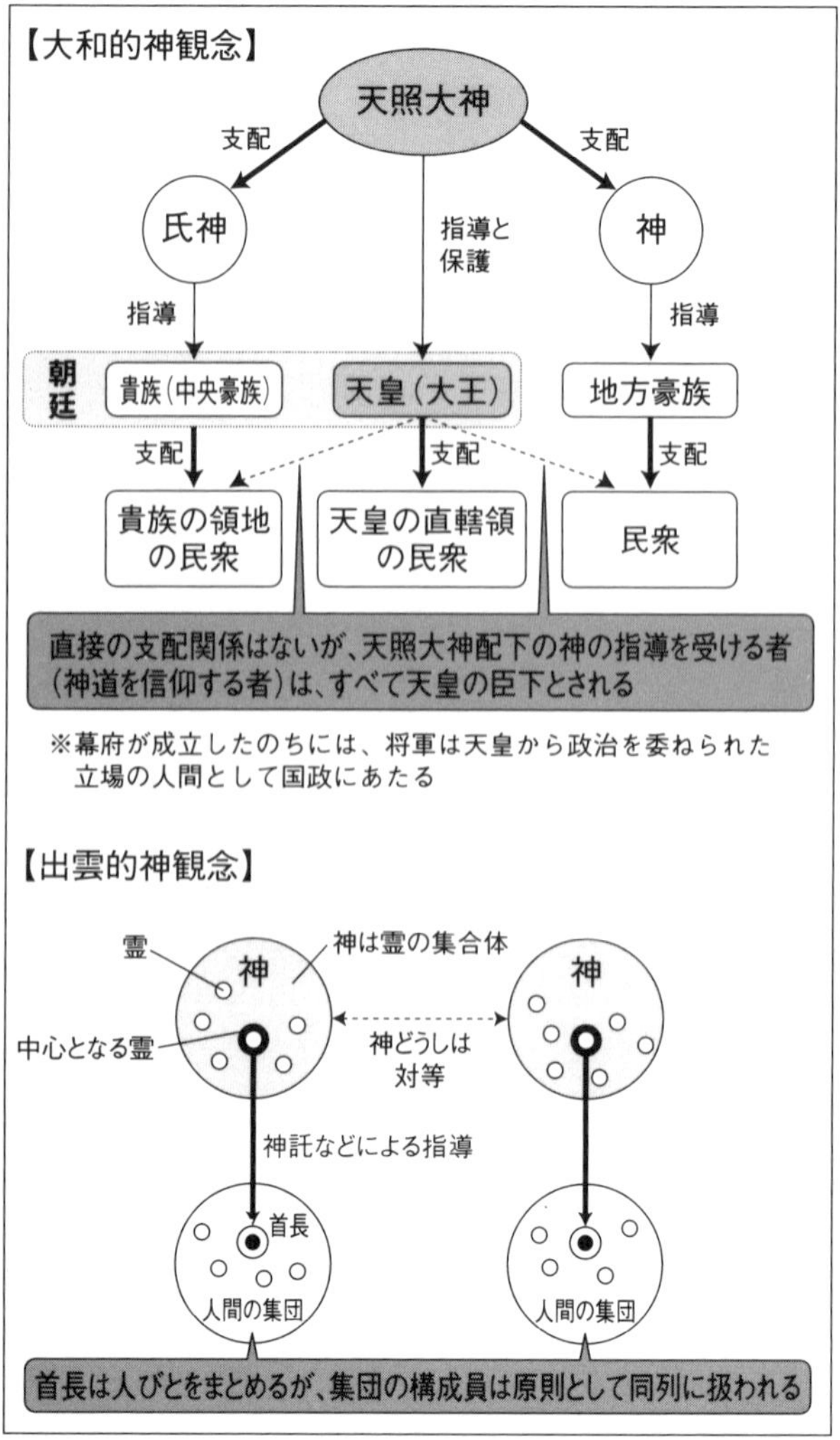
【大和的神観念】
天照大神
支配
支配
氏神
指導と
保護
神
指導
指導
朝廷
貴族（中央豪族）
天皇（大王）
地方豪族
支配
支配
支配
貴族の領地
の民衆
天皇の直轄領
の民衆
民衆
直接の支配関係はないが、天照大神配下の神の指導を受ける者
（神道を信仰する者）は、すべて天皇の臣下とされる
※幕府が成立したのちには、将軍は天皇から政治を委ねられた
立場の人間として国政にあたる
【出雲的神観念】
霊
神は霊の集合体
神
神
中心となる霊
神どうしは
対等
神託などによる指導
首長
人間の集団
人間の集団
首長は人びとをまとめるが、集団の構成員は原則として同列に扱われる

朝廷の国内支配と儒教的な神道

●朝廷はなぜ「律令」を必要としたか

神道は、個人の信仰をもっとも重視する宗教である。一人一人が自ら考えて、神の意にかなう行動をとる世界がもっとも望ましいとするのだ。それゆえ、神の法のかたちで人びとの行動を規制する支配は、日本人には合わない。いっぽう、キリスト教やイスラム教やユダヤ教は、神の教えがそのまま神聖な掟《おきて》とされて法律となっていった。

古代に中央集権国家づくりをめざした七世紀の朝廷は、天皇（大王《おおきみ》）の支配を強化するのに、神道を用いようとした。しかし、神道の教えを、人びとを統制する法に転用することはできない。

そこで、朝廷は中国から「律令《りつりょう》」という法をかりてきて国内支配の強化をはかった。そのため、中国の律令に記された儒教的祭祀《さいし》（天地の神の祭り）のあり方にならって、国内の神の祭りにたいするさまざまな規定がつくられた。

これによって、神道は儒教的性格を強くもつようになっていった。

●祭祀統制に利用された「礼」の思想とは

前項で述べたように、五世紀末に日本に移住してきた渡来人《とらいじん》とよばれる朝鮮半島を故郷とする人びとの儒教知識によって、天津神と国津神との区別がつくられた。そして、これをきっかけに、大和朝廷の支配層は渡来人の知識を利用して六世紀から七世紀なかばにかけて、日本古来の支配にかんするさまざまな習俗を、儒教的な用語を用いて説明づけるようになっていった。

この動きのなかで、中国の「三礼《さんらい》」（『周礼《しゅらい》』『儀礼《ぎらい》』『礼記《らいき》』）とよばれる古典に記された「礼」とよばれる儒教思想がしだいに重んじられていった。「礼」とは、一定の礼儀作法に従って人びとの行動を規制するもので、それによって、

「皇帝は国内で行なわれるすべての祭りを支配下において監督せねばならない」

「祭りには、整った方式の儀式次第が必要だ」

といった考えが日本に広まった。

そして、「中国は『礼』が整った先進国であるから、日本もそれにならった『礼』をつくるべきだ」とする声を受けて、七世紀末に天武《てんむ》天皇が大がかりな国内の祭祀制度の整備を行なった。

唐代のころの「礼」の概念

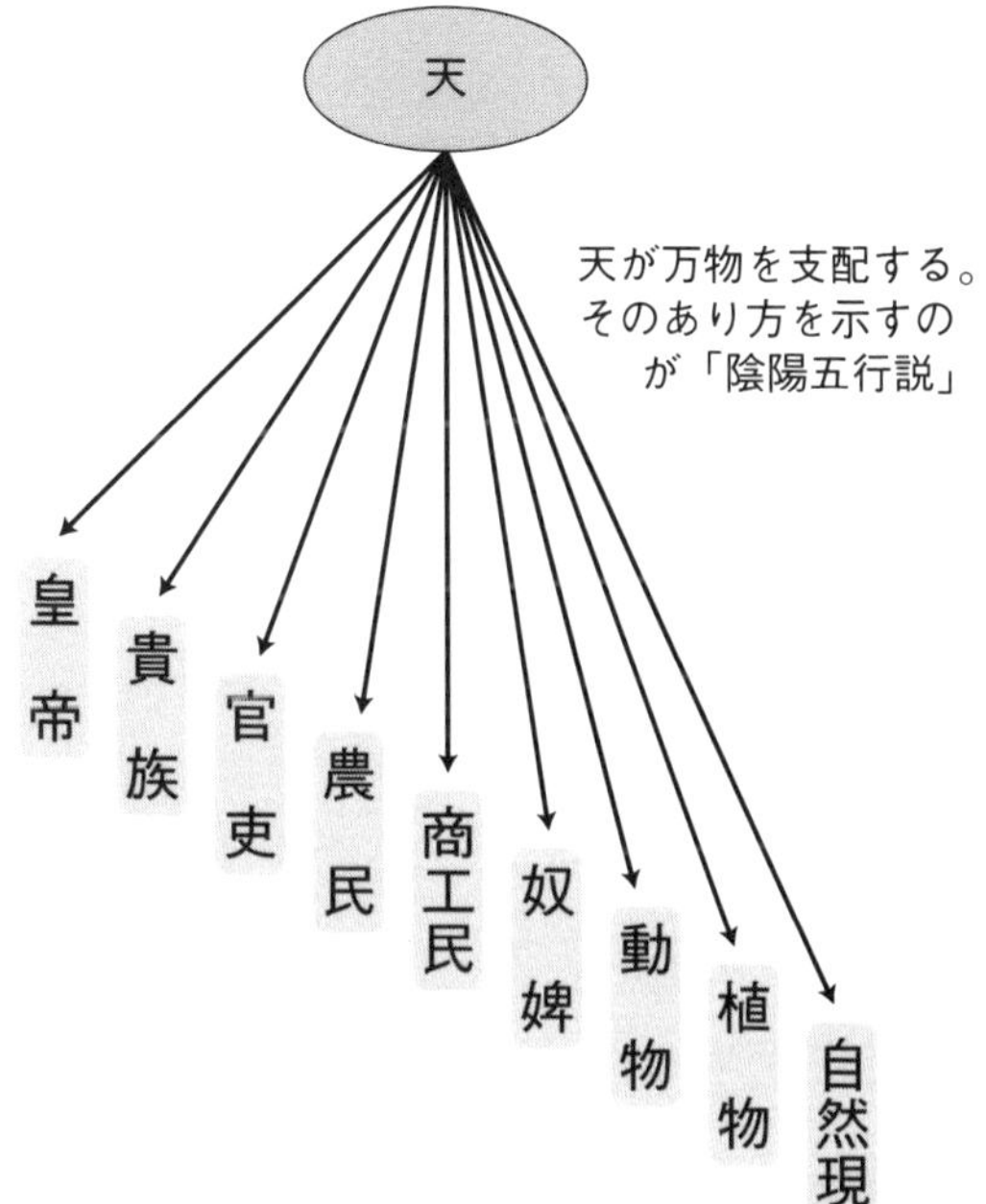

※人間が天の意にかなったふるまいをすることが「礼」である。皇帝は皇帝にふさわしい立派な祭祀を行ない、貴族、官吏などは身分に応じて上位のものを敬う行動をとらなければならない。そうしないと、天が怒り、災害が起きる。

※冬に日が短くなることや、熊などが冬眠することや、落葉樹が秋に葉を落とすことなど、すべての自然現象が天の定めた掟によってなされる。

●「神祇令」の成立と日本神話の完成

これがもとになって『大宝律令《たいほうりつりょう》』（七〇一年制定）の、皇室の祭りのあり方を規定した詳細な「神祇令《じんぎりょう》」がつくられた。そこには、豊作を祈る祈年祭《としごいのまつり》や収穫を感謝する新嘗祭《にいなめのまつり》（のちに「にいなめさい」とよばれるようになる）などの天皇家が関与する年間の祭りが書きならべられている。

このなかのいくつかは、今日の皇室に受け継がれている。朝廷が扱う神事にはくわしい儀式次第が定められ、祭りにあたって神にささげる供え物の数についての細かい規定もつくられた。

国内のおもだった神社は、官社《かんしゃ》とされた。そして、宮廷の祭祀を扱う神祇官《じんぎかん》という役所が官社の祭りを行なうことになった。

つまり、各地の首長が思い思いに行なっていた土地の守り神の祭りが、朝廷の統制下におかれるようになったのである。

こうした動きとともに、天武天皇の時代にはじまる歴史書づくりの成果により『古事記』『日本書紀』の神話がつくられ、国内のおもだった神は、なんらかのかたちで天照大神を頂点とする神の同族系譜のなかに位置づけられることになった。

神祇令に規定された朝廷で神祇官が扱う主な祭り

月	祭名	内容
2月	祈年祭《としごいのまつり》	豊作を祈る
3月	鎮花祭《はなしずめのまつり》	疫病をしずめる
4月	神衣祭《かむみそのまつり》	伊勢神宮に神衣をささげる
	大忌祭《おおいみのまつり》	川の水が豊かであることを祈る
	三枝祭《さいぐさのまつり》	疫病をしずめる
	風神祭《かざかみのまつり》	風による災害を防ぐ
6月	月次祭《つきなみのまつり》	本来は月末ごとに行なう農耕神の祭りを年2回にしたもの
	鎮火祭《ほしずめのまつり》	火災を防ぐ
	道饗祭《みちあえのまつり》	都に災厄が入ってくるのを防ぐ
7月	大忌祭	川の水が豊かであることを祈る
	風神祭	風による災害を防ぐ
9月	神衣祭	伊勢神宮に神衣をささげる
	神嘗祭《かむにえのまつり》	伊勢神宮における収穫感謝
11月	相嘗祭《あいなめのまつり》	いくつかの有力な神社で行なう収穫感謝
	鎮魂祭《たましずめのまつり》	天皇の霊力を高める
	大嘗祭《おおなめのまつり》	朝廷の収穫感謝
12月	月次祭	本来は月末ごとに行なう農耕神の祭りを年2回にしたもの
	鎮火祭	火災を防ぐ
	道饗祭	都に災厄が入ってくるのを防ぐ

道教的信仰の広まりと神道

●老荘思想から発展した道教

古代国家の成立期にあたる六〜七世紀の神道は、儒教のほかに道教《どうきょう》からも多くのものを学んだ。しかし、その時期の神道と道教との交流のあり方の詳細はつかめていない。

中国古代の道教自体が、きわめてあいまいなものであった。それは、老子《ろうし》や荘子《そうじ》が唱えた自然のままに生きることを重んじる老荘《ろうそう》思想を基礎にして、そのうえにさまざまな民間信仰をとり入れて三世紀から六世紀ごろにかけて整えられていったものである。

そして、道教はそれ以後も、さまざまな習俗をとりこみつつ発展してきた。

朝廷が道教を体系的に学んだわけではない。中国や朝鮮半島から移住してきた渡来人がもちこんだ道教的信仰がさまざまなかたちで古代の民間に広まり、やがて宮廷の習俗に入りこんでいったのである。

●神道と道教のさまざまな共通点とは

道教は、不老長寿を求めることを中心とする現世利益的な性格をもつ。この点は、人び

道教の歴史

＊老子
BC6世紀頃
↓
荘子
BC370～300

中国古代のまじない
・巫術《ふじゅつ》（巫女が神のお告げをうけること）
・鬼道《きどう》（死者をまつること）

↓

後漢代　道教的教団の成立（太平道《たいへいどう》、五斗米道《ごとべいどう》）

↓

北魏代　寇謙之《こうけんし》（368～448）が新天師道《しんてんしどう》を組織し、国家宗教となる

↓

隋唐五代　道教学説の完成。道教の経典が出現

↓

元代～明代　道教経典の集成。『道蔵《どうぞう》』がつくられる

＊老子非実在説もある

とが健康にすごすことを重んじる神道に通じるものである。

　また道教は、「宇宙と人生の根源的な真理」である「道《タオ》」と一体になることを理想とする宗教でもあるが、それは神の心にならって生きる神道的生活と類似するものといえなくもない。

　今日の道教廟では、神と参詣《さんけい》者がともに楽しむための芝居が演じられる。これは、神社で神楽《かぐら》を鑑賞するあり方と共通する。また、神道でも道教でも昔の偉い人物を神としてあがめる。

　そうした道教的信仰の例として、三国時代（三世紀はじめ）の勇者、関羽《かんう》を商売繁盛の神として関帝廟《かんていびょう》でまつる例がよく

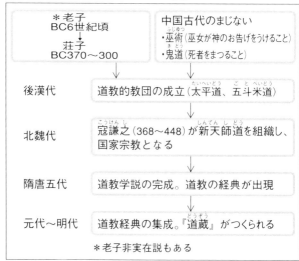

知られている。

これは一例にすぎないが、道教と神道との共通点はほかにも多い。

仏教伝来は神道にどう影響したか

●日本人は仏をどう見たか

神道と仏教との交流は、六世紀はじめごろから神道の底辺ともよぶべき民間の神事《しんじ》の部分で徐々になされた。そして、それよりすこし遅れるかたちで、六世紀なかばに神道は仏教と正面から向きあい、多くの仏教的要素をとり入れるようになった。

『日本書紀』などは、百済《くだら》（朝鮮半島にあった小国の一つ）が、日本に仏像を送ったのをきっかけに日本に仏教が広まったと伝えている。この仏教公伝の年については、それを五三八年とする説と五五二年とする説とがある。

このとき、渡来系豪族と親しかった蘇我《そが》氏は仏教受容に賛成したが、古くから大和朝廷の祭祀《さいし》の重要な部分である鎮魂祭《たましずめのまつり》（159ページ参照）を受け持ってきた物部《もののべ》氏は仏教に反発した。

『日本書紀』は、そのとき物部尾輿《おこし》がこういったと伝える。

「いま新たに異国の神を拝《おが》めば、わが国の神がお怒りになる」

この言葉は、当時の人びとがすべてのものが仏のもとの世界で生きているとする仏教の教えを理解できずに、仏を日本に数多くいる神と同列のものとみていたありさまがわかる。しかし、このような、釈迦《しゃか》、弥勒《みろく》などさまざまな仏を神に近いものとして扱う発想は、後世まで受け継がれた。

●物部氏の滅亡は神道をどう変えたか

六世紀末に蘇我氏や聖徳太子が物部尾輿の子、守屋《もりや》を滅ぼした事件（蘇我・物部の争い。五八七年）をきっかけに、朝廷の手で大がかりな仏教興隆策がとられた。それによって、法《ほう》隆寺《りゅうじ》などの大寺院がつくられるが、当時の人びとの大部分は仏教学を学ばず、仏に現世《げんせ》利益《りやく》をもとめた。

そしてこの時期から、神道の外形が仏教にならって整えられていった。

寺院をまねて神社がつくられ、やがて仏像、仏画のかたちをまねた神像や神の肖像画がつくられるようになった。仏事にならった神事の整備もすすんだ。こうした動きのなかで、もとはその時々の思いを神に述べるものであった祝詞《のりと》が、仏事の読経《どきょう》をまねた定まった形式の祝詞を読み上げるかたちに変わっていった。

仏教と神道のさまざまな交流

●豪族たちは氏寺に何を求めたか

飛鳥時代に日本にとり入れられた仏教は、すみやかに日本化していった。人びとは、神に願うことができなかった私的な望みの実現を仏に祈った。仏教は、本来は個人の心の修養をもっとも重んじる宗教であるが、七世紀の豪族たちは祖先の祭りのために寺院を建て、仏像をつくった。

『日本書紀』には、推古《すいこ》天皇が蘇我馬子《そがのうまこ》と聖徳太子に「仏教を興隆せよ」という詔《みことのり》を出したとき、豪族たちが「君と親の恩にむくいるために」寺院をつくったと記されている。亡くなった親のためにこれをつくったという銘文をもつ飛鳥時代の仏像がいくつかのこっている。

王家や豪族がおのおの祖先神をまつっていたかたちにならって寺院を建て、そこで祖先供養の仏事を行なう習慣がつくられていったのである。ゆえに、当時の有力寺院は「氏《うじ》寺《でら》」とよばれた。

豪族が自家の氏神だけをまつっていた段階から、氏神と氏寺をまつる方式への転換がなされたのである。この場合、氏神は、一つの豪族と豪族の支配下の民衆との両者を守るものとされ、氏寺は、豪族の個々の祖先を供養する場と考えられた。今日、奈良市にある藤原氏の氏神である春日《かすが》大社のすぐそばに、藤原氏の氏寺である興福寺《こうふくじ》がある。これは、古代以来の氏神と氏寺との親密な関係が受け継がれた一例である。

●盆と彼岸はじつは神道の祭りだった

今日、仏式で先祖の祭りを行なう人びとは、旧暦七月の盆《ぼん》と春と秋の彼岸《ひがん》に祖先の祭りを行なっている。しかし、この習俗はインド本来の仏教にはない。

日本では、古くから正月と七月に祖先の霊をまつる行事が行なわれていた。これは収穫を終えて人びとの心が落ち着いた時期に、農耕神となった祖霊に感謝するものであった。正月には米の収穫のお礼を、七月には裏作としてつくった麦などがとれたお礼を述べるのである。

このなかの正月行事は、日本人が米を神聖なものと考えてきたことによって、たいへん重んじられ、現代まで重要な神事として受け継がれた。いっぽう、七月の行事は、仏教の盂蘭盆《うらぼん》（インドの目連《もくれん》という人が、餓鬼道《がきどう》におちた母の死後の苦しみを救うために、釈迦《しやか》の教えに従ってはじめた行事）と結びつき、収穫感謝の部分を失い祖先供養の行事となった。

また、日本で古くから行なわれた昼夜の長さが同じである特別な日（春分、秋分）になされた御魂《みたま》祭りが、のちに春秋のお彼岸《ひがん》になった。

他力本願の発想を招いた神仏習合

●密教僧が説いた「本地垂迹説」とは

神道とは、本来は個人の信仰を重んじるあいまいなかたちのものであった。一人一人が、人間として自分が信じる正しいことを行なう社会が神道の理想であった。

しかし、日本に仏教が伝来して以来、朝廷の支配層の意向によって、しだいに神道が仏教や儒教の知識をとり入れながら一定の形式にまとめられていった。平安時代にこの営みはひとまず神仏習合《しんぶつしゆうごう》のかたちをとって完成した。

神仏習合をすすめたのが、天台宗《てんだいしゆう》と真言宗《しんごんしゆう》の密教《みつきよう》勢力である。密教は奥深い教義をもつが、ひと言でいえば、平安時代の密教は、「密教を身につけた高僧は仏と同等の強い呪力

本地垂迹説

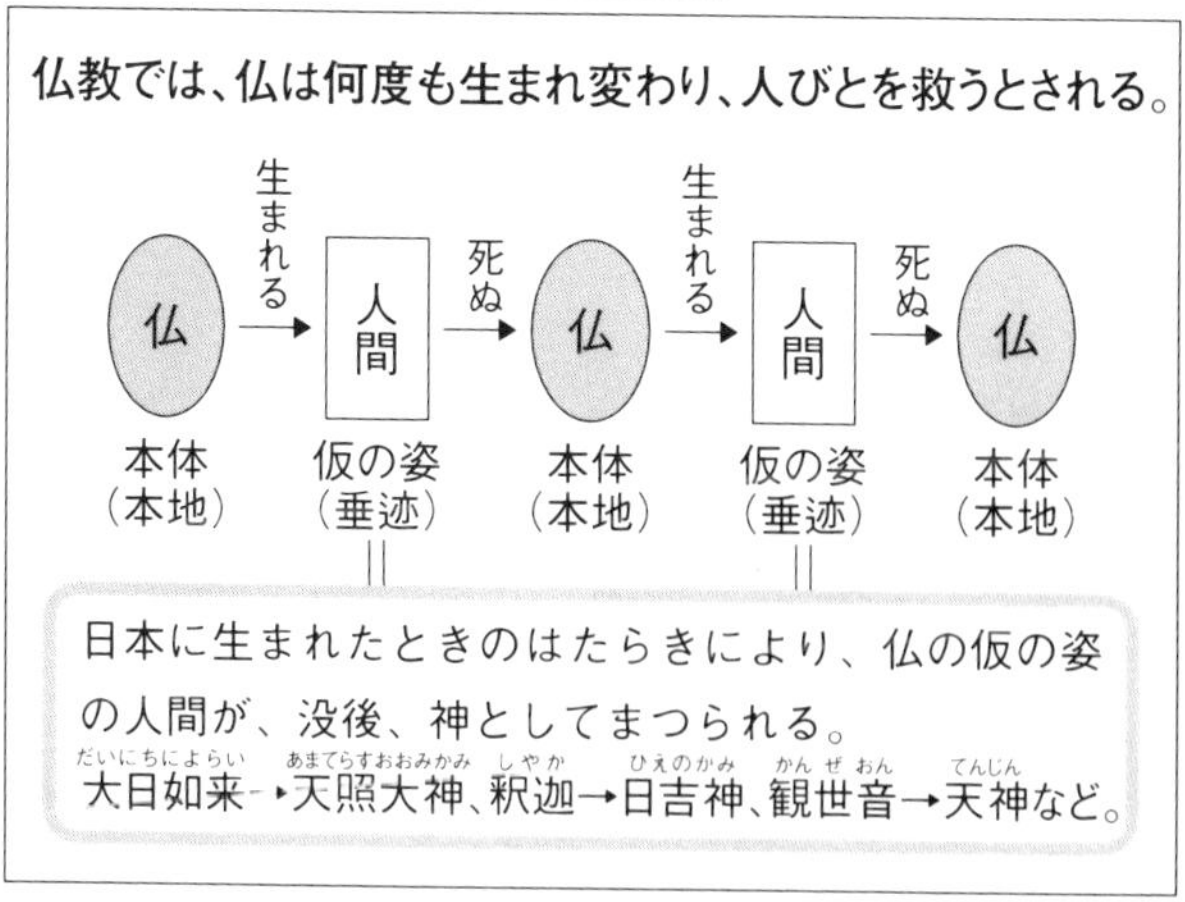

をもち、あらゆるものを思いのままに操れる」とするものであった。

そのため、当時の貴族は、密教僧に雨乞いや、政敵の排除などのさまざまなことを祈らせていた。そこで比叡山《ひえいざん》、高野山《こうやさん》などの密教寺院が密教修行の場として繁栄した。

やがて、平安時代なかばにあたる一〇世紀に、密教の学僧のあいだから次のような主張が広まっていった。

「仏は幾度も生まれ変わって人びとを助けるものであるから、日本の神は仏の生まれ変わった姿の一つであると考えられる」

このような考えを「本地垂迹説《ほんじすいじゃくせつ》」（本地《ほんじ》である仏・菩薩《ぼさつ》が衆生《しゅじょう》を救済するためにわが国の神祇《じんぎ》となってあらわれるとする神仏同体説）という。

●神は仏の力をかりて人を救うのか

たとえば、平安時代の文人、菅原道真が天神《てんじん》としてまつられるようになったとき、北野《きたの》天満宮《てんまんぐう》に仕える僧侶たちは信者にこう説いた。

「十一面観音《じゅういちめんかんのん》が菅原道真として生まれてきて、仏の世界で定められたかれの役割を終えたのちに亡くなった」

これによって人びとは、神が大きな力をもつ仏であるなら、神に祈れば神が仏がもつ密教的呪力をつかって願いを叶えてくれると考えるようになった。そのあと、江戸時代に仏教勢力がしだいに後退し、明治政府が強硬に神仏分離を行なった。

それによって、現在では誰も「神が仏のもつ力で人を救う」と考える者はいなくなったといってよい。しかし、いまでも神仏習合の影響で「神に頼むだけで願いが叶えられる」という発想は広くのこっている。

しかし、本来の神道は他力本願《たりきほんがん》のものでなく、人びとに人間らしい生き方をすすめるものであった。

4章

朝廷成立、尊王攘夷…神道が果たした役割とは

●神道が日本史に与えた影響——

神道はなぜ多様なのか

●政権に都合よく利用された神道

神道《しんとう》は、一柱《ひとはしら》の神をまつる人間の集団がそれぞれ思い思いに自主的につくり上げた信仰の集合体である。伊勢神宮《いせじんぐう》にはそこにしかみられない祭事が多く、島根県の出雲大社《いずもたいしゃ》には、そこ独特の習俗がある。

さらに、そういった共同体の神道にしても、家々の信仰、さらには個人個人の信仰のよせあつめにすぎない。それゆえ、日本では古くから現在まで、支配層が多様な神道の信仰を一つのかたちに規制することはなかった。

ただ、神道のなかのある部分を、自己の政権に都合のいいように利用した者がいただけである。これまでは、伊勢神道、吉田《よしだ》神道などの、いくつかの神道についての学説が出されてきた。しかし、それらは、その時代の民衆がもつ神への信仰のあり方を正確にとらえたものではなく、一部の知識人が勝手に自らの考えを表現したものにすぎない。

神道についてのそれぞれの学説が、一つの時代の神道のあり方を変えることはなかったのである。

●「神道」の六つの用法とは

「神道」という語自体がきわめてあいまいである。津田左右吉《つだそうきち》（大正・昭和期の歴史学者）は、神道の語には、左表にあげた六つ用法があるとするが、これをみても神道とはなにかが正確にはつかめない。

「神道」とは、儒教や道教の経典に出てくる「神秘的な教え」をあらわす漢語である。そして、前（25〜26ページ）に述べたように、『日本書紀』はこの「神道」という語を、「仏法」と対比するかたちで用いている。

「神道」の六つの用法

①	古くから伝えられてきた日本の民族的風習としての宗教（呪術も含めていう）
②	神の権威、力、はたらき、しわざ、神としての地位、神であること、もしくは神そのもの
③	民族的風習としての宗教に何らかの思想的解釈を加えたもの（両部神道、唯一神道、垂加神道など）
④	特定の神社で宣伝されているもの（伊勢神道、山王神道など）
⑤	日本に特殊な政治、もしくは道徳の規範としての意義に用いられるもの
⑥	宗派神道（天理教、金光教など）

「神をまつる習俗」は、日本人にとってあまりにも日常的なものであったため、それをあらわす大和《やまと》言葉がつくられなかったのであろう。そのため、古代の支配層が便宜的に「神道」の漢語をつかったのだ。

聖徳太子が唱えた国家的祭祀

●朝廷が地方を直接支配しなかった理由

大和朝廷の時代には、日本は多くの国造《くにのみやつこ》とよばれる地方豪族の領地に分かれていた。そして、七世紀末に律令制が整備されていくなかで、全国は国《くに》（大和国、河内国など）に区分された。

このとき、中央から送られた国司《こくし》という役人が一国を治めるようになり、国造の子孫は国の下におかれた郡《ぐん》の役人である郡司《ぐんじ》になった。

郡司などの地方豪族が、一つの地域の共同体の実質的な支配者であったために、このようなかたちの統治がなされたのである。地方豪族は、各地を守る神を独自にまつり、その共同体を治めた。

大和朝廷の神と豪族の神の関係（6世紀頃）

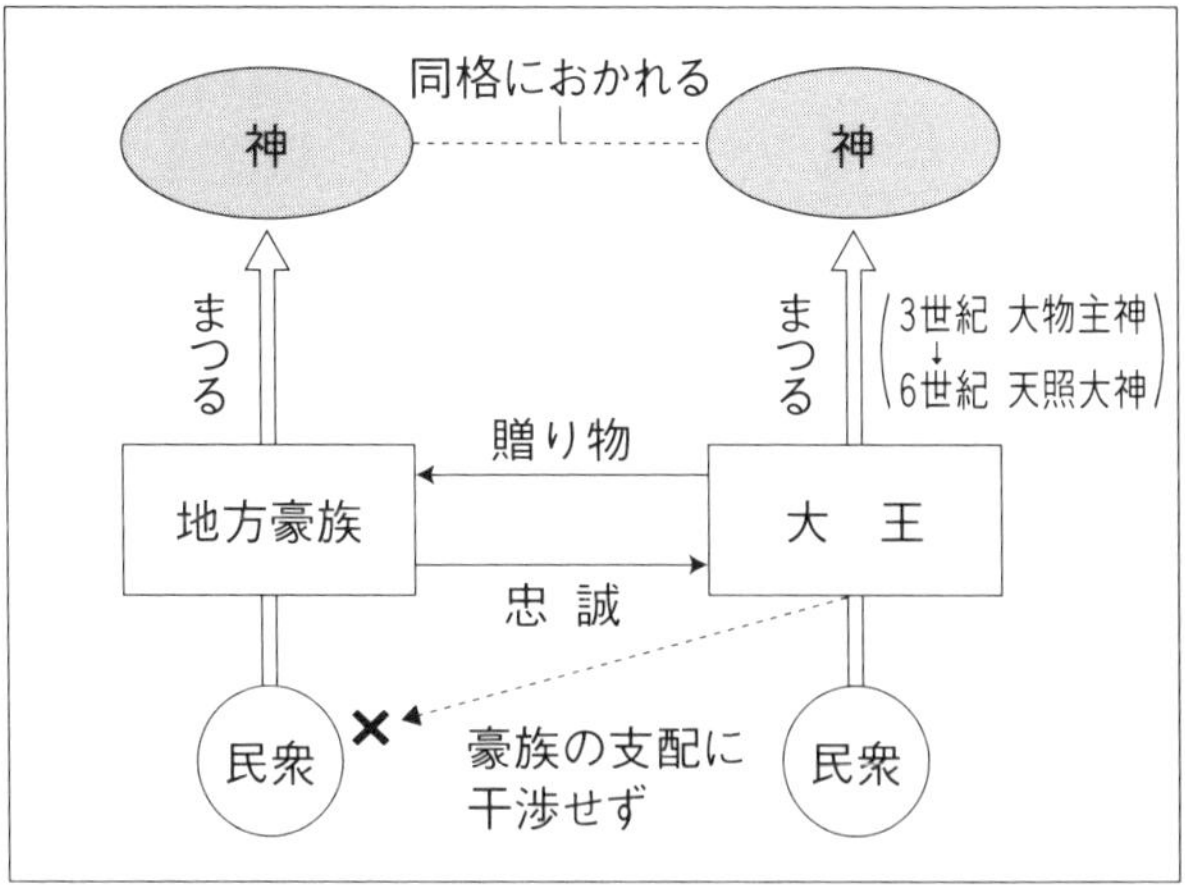

このあり方は、弥生時代中期にあたる紀元前一世紀末に各地で出現した小国の首長の支配のかたちを受け継ぐものであった。六世紀の段階では、王家は自らの守り神である天照大神《あまてらすおおみかみ》だけをまつり、地方豪族の祭祀《さいし》には干渉しなかった（上図参照）。

●国家的祭祀が起こったきっかけ

ところが、七世紀はじめ、聖徳太子《しょうとくたいし》が「朝廷の全国支配を確立させるためには、地方豪族の祭りを王家の管理のもとにくみこむべきだ」と考えた。そのため、推古一五年（六〇七）に神祇《じんぎ》の祭祀を重んじることを命じた詔《みことのり》が出された。

これによって、はじめて王家が「大王《おおきみ》の命令のもとで神の祭りを行なうべきだ」とする主張を明らかにしたのである。

朝廷に管理された地方の祭り

●神頼みの生活を送っていた日本人

現代人には理解しづらいかもしれないが、古代人は、

「自分たちは、多くの神々のはたらきによって生かされている」

という考えをもって生きていた。そこで、豊作を祈る祭りが、かれらの最大の関心事となった。これは、中世以前の日本人が、作物の取れ高がそのときの気候に大きく左右される不安定な生活を強《し》いられていたことによるものである。

江戸時代はじめに農業技術が急速に発達するまでは、日本人の大部分を占める農民はこのような神頼みの生活をおくっていたのだ。

そのため、七世紀末に朝廷が全国支配を整備していくなかで、いかにして地方豪族の祭祀を朝廷の管理下にくみ入れるかという問題が真剣に考えられた。

●朝廷の祭りが全国化した理由

そして、それを実現するための二つの方法がとられた。一つは、日本神話の整備である。

これによって朝廷は、天照大神《あまてらすおおみかみ》の正統の後継者である天皇が、大国主命《おおくにぬしのみこと》などの各地でまつられた神を支配する立場にあると主張したのである。

もう一つは、天皇家の祭祀《さいし》を地方の祭りと結びつけたことであった。つまり、天皇家の祭祀が、皇室だけの行事ではなく、全国的祭祀だとされたのだ。しかしこれは、地方豪族を束縛するかたちではなく、地方豪族に利益をもたらすかたちをとらざるをえなかった。地方豪族が一斉に朝廷に反発すれば、日本はふたたび分裂してしまうからである。

これによって、祈年祭《としごいのまつり》の奉幣《ほうへい》や、新嘗祭《にいなめさい》の悠紀《ゆき》・主基《すき》の抜穂《ぬきほ》（神に供えるための稲の穂を斎田《さいでん》から抜き取ること）がなされることになった。朝廷では、種まきの前に豊作を祈る祈年祭を、取り入れのあとに収穫を感謝する新嘗祭を行なっていた。これは、今日の神社の春祭りと秋祭りにあたる。

祈年祭では、天皇家から地方のおもだった神社に豊作を願うささげもの（奉幣《はうへい》）が行なわれるようになった。そして、新嘗祭では、悠紀《ゆき》の国と主基《すき》の国に選ばれた一国から送られた稲が供えられた。これは、その二国の稲をもって、全国の稲を神に供えることに代える趣旨のもので、占いによって悠紀と主基に指定された国のおもだった人びとには、朝廷からさまざまな恩賞がもたらされた。

本地垂迹説と神道学説の発生

●律令制と神道思想の危機

律令制による朝廷の全国支配の完成は、各地で自由なかたちでなされてきた神の祭りのあり方を変えるものではなかった。朝廷の宗教統制をありがたがる者も、そうでない者もいたからである。

平安時代なかばに、三善清行《みよしきよゆき》という学者が『意見封事十二箇条《いけんふうじじゅうにかじょう》』という政治批判の文章を記している。そのなかに、地方から祈年《としごい》祭《のまつり》の供え物をとりに来た神官のなかに、皇室からいただいた刀は市で売りはらい、酒はその場で飲んでしまう者がいると書かれた部分がある。

朝廷がおいた神祇官《じんぎかん》という神社を統制する役所の関係者からは、「神道とはなにか」ということを真剣に追究した者は出なかった。

そして、平安時代になったのちに、密教系の僧侶が「仏教の体系のなかで神道をどのように位置づけるべきか」という問題を考えはじめた。

●神道の精神から遊離した密教系神道

最澄《さいちょう》（天台宗《てんだいしゅう》の開祖）がおこした山王一実《さんのういちじつ》神道と、空海《くうかい》（真言宗《しんごんしゅう》の開祖）がひらいた両部《りょうぶ》神道がそれにあたる。

これによって、天台宗や真言宗の僧侶のあいだに、仏を神の上におく本地垂迹《ほんじすいじゃく》説（108ページ参照）が広がっていった。

そこでは、神は仏になるための道筋のなかで苦しむ者の一つとされた。そして、仏の仮の姿にすぎない神は「権神《ごんしん》（仮の神）」とよばれた。

仏は、神の姿をかりて人びとを救うためにこの世（現世）に生まれてくる。日本というインドからはなれた辺地《へんち》には、仏の本来の姿ではなく神の姿がふさわしいからだ。これは、仏が「光を和《やわ》らげて俗世のちりにまみれた姿になる」ことであるから、そのありさまは「和《わ》光同塵《こうどうじん》」とよばれた。

中世には、「和光同塵」の神という表現が多くみられる。しかし、神の祭りを日常的に行なっている地方の農村の人びとには、このようなむずかしい説明はなじまなかった。そのため、密教系神道がつくられたのちの神道の学説は、神道の実態から程遠いものになってしまった。

武家政権はいかに神道と関わったか

●武士による神社支配の開始

平安時代なかばにあたる一〇世紀に、日本の社会に大きな転換がみられた。比較的広い領域を治めていた地方豪族の勢力が後退し、村落の小領主である武士たちが地方豪族の支配から自立したのである。

武士が治めた土地は荘園村落《しょうえんそんらく》とよばれるが、そこには荘園村落を守る神社がおかれ、独自の法（朝廷が定めた律令とは異なる、荘園部落を治める武士がその土地の農民たちと話し合って定めた、生活にそくした法）が行なわれた。荘園村落が自立したときに、そこを支配する武士が新たに八幡宮《はちまんぐう》などを建てた例も多い。

鎌倉幕府は、神の祭りを重んじたが、個々の武士の自領の祭祀《さいし》のあり方には干渉しなかった。鎌倉時代以後、しだいに全国の流通路が整備され、商工民が成長していった。

この動きのなかで、商工民は地域ごとや業種ごとに団結して独自に神をまつりはじめた。中世には門前町《もんぜんまち》のかたちで寺社の前に商業地がひらける例が多いが、それはその地域の商

武士と神道

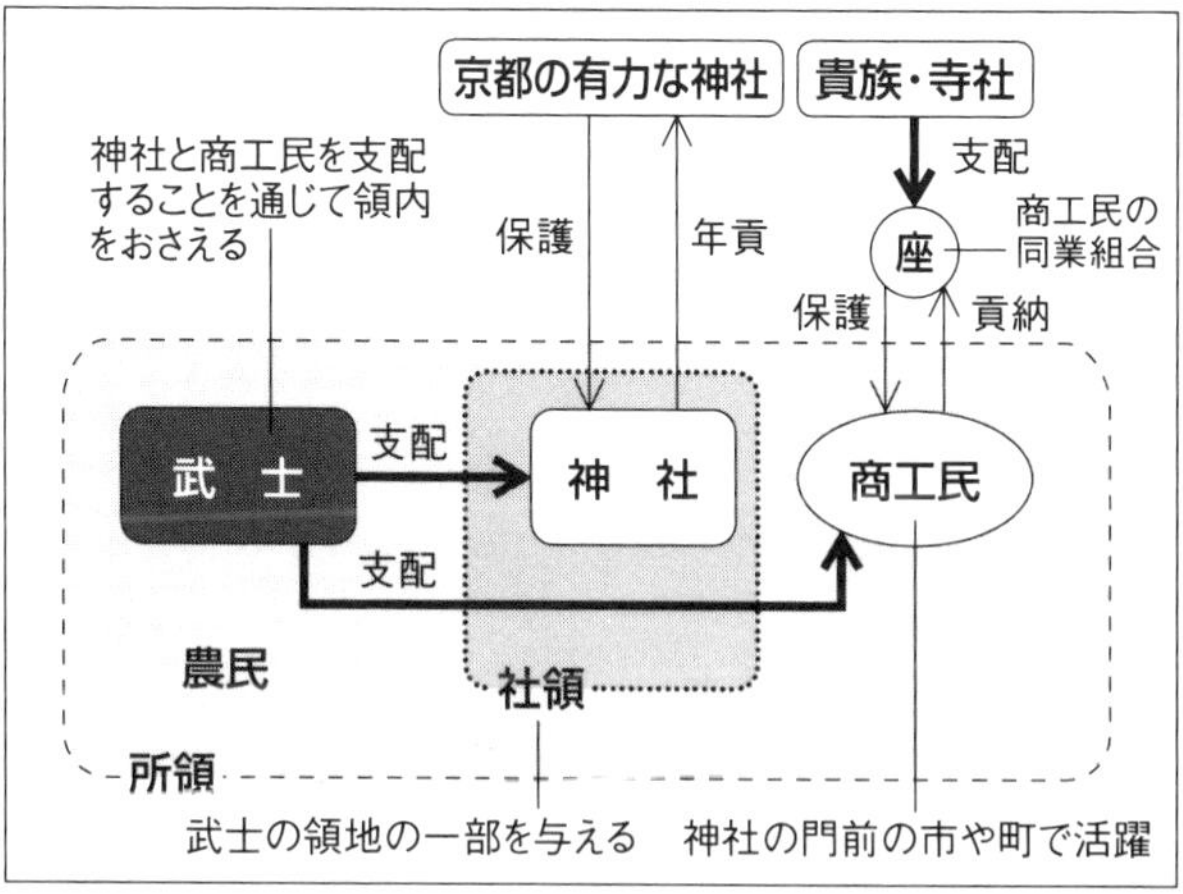

工民が一つの信仰のもとに団結したことにより生じたものである。

●農民の自治の広まり

荘園村落を基本とする社会のあり方は、室町時代に変質しはじめた。それまで荘園村落を治める武士がそこの神社をまつり、農民と共存共栄の関係をもっていた。

ところが、室町時代に守護《しゅご》大名《だいみょう》の一国支配の志向がはじまったため、守護大名の家臣化する武士が多くなった。

そういったところでは、領主である武士が農村をはなれ、上層農民が宮座《みやざ》(氏子の一部によって組織され、氏神の神事を行なう祭祀集団)などの組織を構成して村落の神社の祭りを行なうようになっていった。

修験道の広まりと熊野神社の隆盛

●山林修行が生み出した呪術

中世から江戸時代にかけての神道の役割を考えるときに、修験道《しゅげんどう》の問題はさけて通れない。しかし、修験道の教説の発展についての研究はすすんだが、地方の村落における修験道の役割は、十分には明らかになってはいないのである。

平安時代の末期に熊野《くまの》、吉野《よしの》などにおける山林修行がさかんになり、そこから熊野三社（73ページ参照）を中心とする修験道という仏教と神道とさまざまな民間信仰を融合させた新たな信仰がつくられた。この修験道を身につけた修験者《しゅげんじゃ》は、さまざまな呪術を用いるとされた。

そのため、皇室も貴族もかれらの呪力に頼ろうとして、しきりに熊野詣《くまのもう》でを行なった。そして、修験者たちは皇室との結びつきを強めつつ、各地の農村への布教に力を入れた。

修験者のことを「山伏《やまぶし》」ともいうが、平安時代末から全国をめぐり歩く山伏の姿が広くみられるようになった。山伏は、農村で病気なおしの呪術や、屋敷神《やしきがみ》（屋敷内にまつる神）

の祭りを行なった。

●農民に必要とされた山伏

農民にとって定期的にめぐってくる山伏は、外部の情報をもたらす語り手であり、悩み事の相談相手であり、医術や読み書きを教える師匠でもあった。中世の農村で伝統的な神社の祭りも行なわれていたが、山伏はそれとは別の役割をもつ農民の生活に欠かせないものになっていった。

修験者の主な役割

- ●神社の別当
- ●祈祷・薬草による医療行為
- ●参詣案内、講組織の指導（御師《おんし》）
- ●師弟の教育（寺子屋）
- ●祭りや年中行事の指導・助言
- ●講社まわり、檀家へのお札配り

中世に山伏の手でひらかれた熊野神社も多い。朝廷と各地の熊野神社との親密な関係が保たれたため、熊野三社の修験者たちは朝廷の意向を受けて各地の熊野神社を巡り、皇室と天皇寄りの地方の武士との連絡にも活躍した。

江戸幕府は、修験者が信仰を通じて各地の武士を組織するのを嫌い、山伏に定住をすすめるようになった。

そのため、都市や農村に定住して「里修験《さとしゅげん》」とよばれる者が多くなった。

そのころになると、国内の交通がさかんになったため、山伏がもたらす情報が前ほど貴重ではなくなった。こうしたいきさつで、熊野三社の地方にたいする影響力はしだいに後退していった。

戦乱の世が神職を生み出した

●神社の扱いに悩んだ戦国大名

専門の神職《しんしょく》は戦国時代から江戸時代の初期にかけて発生した。もともとの神道は、誰もが自分の仕事をもったうえで思い思いに神をまつるようにとする考えのうえにつくられていたからだ。

ゆえに、古代には一定の領域を治める豪族がその土地を守る神をまつり、中世では荘園村落の領主が神社を管理した。戦国時代までは、このかたちで問題はなかった。各地の有力な神社は、その地の有力な武士の保護のもとに栄えていたからである。

ところが、戦国の動乱で多くの武士が没落した。

そうなったのちに、一国単位の支配を完成した戦国大名は、自分の領国の有力な神社の扱いに悩むことになった。

●古代からの豪族が神職に

荘園村落の小さな神社なら、そこの領主がいなくなったあとの祭りを、村落の農民たちに委《ゆだ》ねることができる。しかし、古くから重んじられてきた有力な神社の祭りをおろそかにするわけにいかない。

そこで、戦国大名は領国支配を完成したのちに、「これからは、神社を保護してきた旧来の有力な武士に代わって、自家が領内のおもだった神社を支配する」と宣言した。

そして、社領《しゃりょう》（神事・造営などの費用にあてるための神社の領地。神領《しんりょう》ともいう）を与えるか禄米《ろくまい》を年々わたすことによって、おもだった神社を自分の保護下においた。

しかし、大名が自らの手ですべての神社をまつるわけにいかない。そのため、大名は、浪人になっていた旧家の武士などを神職にして社領などの収入で生活させ、神社の祭りを請け負わせることになった。

古くからの豪族で、この時期に戦国大名に敗れたことによって専門の神職になった者も少なくない（次ページ参照）。

このようにして、専門の神職が有力な神社をまつり、農民の代表者が産土神などの小規模な村落の神社をまつるかたちが江戸時代に確立した。

神道系豪族の後退

●阿蘇大宮司《あそだいぐうじ》家・阿蘇氏の場合（本拠・熊本県阿蘇郡）

2〜3世紀頃 阿蘇谷を開発して阿蘇神社をおこす

↓

6世紀頃 阿蘇国造《くにのみやつこ》になる

↓

10世紀 有力な武士になり、阿蘇大宮司家とよばれる

↓

南北朝争乱（14世紀）で南朝方と北朝方に分裂

↓

しだいに勢力を低下させる

↓

1585年 島津《しまづ》家に従う

↓

大宮司職が廃され、阿蘇神社神主として熊本の大名・加藤家（ついで細川家）から350石を与えられる

江戸幕府と儒教系神道

●幕府が厚遇した「吉田神道」とは

室町時代後期に、京都の吉田《よしだ》神社（奈良の春日大社《かすがたいしゃ》から分かれた神社）に仕える吉田兼倶《よしだかねとも》が吉田神道（唯一《ゆいいつ》神道）をおこした。それは、仏教を神道の下位におく宗派である。吉田家は、自家の神道は天照大神《あまてらすおおみかみ》のもとで祭りをつかさどった天児屋根命《あめのこやねのみこと》（藤原氏の祖神《おやがみ》）から伝えられた由緒正しいものだと主張した。

そして、この吉田神道が、しだいに朝廷や大名たちのあいだに広まっていったことによって、全国の神職のあいだに、吉田家を自分たちの指導者とする考えが広まっていった。そのため、江戸幕府が寛文《かんぶん》五年（一六六五）に出した『諸社禰宜《しょしゃねぎ》神主法度《かんぬしはっと》』において、神職は吉田家の許状なしに白張以外の装束をつけてはならないとする規定を出すことになった。

これは、実質的には全国の神職を吉田家の監督下におくものであったが、長い伝統をもつ有力な神社の神職で、吉田家の支配を嫌い、朝廷と直接つながりをもったものも少なくなかった。

●朱子学の盛行と儒教系神道

江戸幕府や諸藩は社領や禄米《ろくまい》を与えて有力な神社を保護したが、神社や寺院に政治に介入させない方針をとった。そして、かれらは武家支配をささえる学問、道徳として朱子学《しゅしがく》(南宋代《なんそう》の朱熹《しゅき》がひらいた儒教の一派)を保護した。

これによって朱子学が日本社会に浸透していった。そして、この動きのなかで朱子学者たちが、日本に広く存在する神道にもとづく現象をすべて儒教の体系にくみこんで解釈しようと企《くわだ》てるようになった。これによって儒教系神道の諸派がつくられた。

●林羅山による神道の解釈

徳川家康に仕えて幕府の朱子学者の元締《もとじめ》をつとめた林羅山《はやしらざん》は、日本中世の儒教の影響を強く受けた吉田神道を学んだ。それによって、羅山は日本の神は朱子学で説く「理《り》」にあたると主張した。

その理とは、天地の根源にもとづく霊であり、すべてのものの内部に存在するものだとかれはいう。儒教の用語を使ってはいるが、羅山は精霊崇拝(すべてのものに霊が宿るとする考え)にもとづく神道の性格を正確につかんでいたといえる。

これ以後、朱子学者のさまざまな神道論が出されてくるが、それらは神道の発展とは別の、朱子学派内部の研究の進展としてとらえるべきものである。

江戸の民衆の成長と流行神の誕生

●太平の世の訪れ

中世までの庶民の神の祭りは、村落単位もしくは商工民の集団単位に行なわれていた。これは、その時代の農業生産力が、一つの村落の農民がまとまって行動しなければ生存できなかった段階にあったことによる。商工民も「座《ざ》」とよばれる同業者の組合に所属しなければ、営業できなかった。

ところが、肥料の改良、鉄製農具の普及、新田開発などの、江戸時代はじめの急速な農業の発展により、人の移動が比較的自由に行なわれるようになった。農村を出て大坂などの都市に奉公に出かける人びとや、故郷の村から分かれて新田をひらいて新たな村落を起こす集団が日常的にみられるようになったのである。

●福の神あらわれる

中世には誰もが横ならびであった村の住民のなかから、都市で商家を起こして富豪にな

流行神

福　　神	稲荷、大黒天その他の七福神など
疱《ほう》瘡《そう》神《がみ》	疱瘡を起こす疫病の神が福神としてまつられる
和霊信仰	死者の霊を神とする（宇和島藩の家老・山家清兵衛《やまがせいべい》が祟りを起こした後に福神になった例など）
御霊信仰	神田明神（平将門）など怨霊をまつるもの

る家や、荒地をひらいて、もとの村よりはるかに豊かな農村をつくり上げる集団があらわれた。

こうした背景のなかで、金儲けなどのさまざまな個人的な願いを叶えてもらおうとする人びとによって、福の神としての稲荷《いなり》などのさまざまな流行神《はやりがみ》がまつられることになった（上図参照）。流行神を信仰する者は、地域の共同体の者とともにまつる土地の神の神事に従事しつつ、自家独自の神をも重んじた。

今日のような一人の人間が複数の神社を信仰するかたちは、この時代にできたものである。

国学と尊王攘夷の時代

●本居宣長の『古事記』研究

一七世紀末に、江戸幕府の支配の道具となった朱子学に反発するかたちで、国学《こくがく》が起こった。

それは、中国の思想に影響を受ける前の日本古来のまっすぐな心を重んじるべきだとする考えのうえに立つ学問である。

国学者は、日本人は『論語《ろんご》』などの儒教の古典ではなく『古事記《こじき》』などの日本の古典を読み、日本の心を身につけるべきだと考えて、古典の研究にいそしんだ。

一八世紀末に国学を大成した本居宣長《もとおりのりなが》は、次のように主張した。

「儒教は『忠』や『孝』といった形式的な道徳で人間を縛るが、私たちは生まれながらにもっているまっすぐな心の命ずるままに自然に生きるべきだ」

そして、かれは『古事記』を読むことによって、儒教系神道の教説などの後世つけくわえられたさまざまなものを除いた「本来の神道の心」を身につけよと人びとに説いた。

●平田篤胤の復古神道の広まり

この儒教を外来のものとして排斥《はいせき》する考えをおしすすめて、復古神道《ふっこしんとう》を起こしたのが平《ひら》田《た》篤胤《あつたね》である。

かれは、当時の庶民の日常生活にとけこんでいた仏教を、日本古来のよき心に合わないものとみなし、仏教批判をさかんに行なった。仏教が重んじる祖先祭祀は、日本人が仏教伝来以前から行なってきたものだというのだ。

そこから、かれは「日本本源論（日本は万国の本源のすべてにおいてすぐれた国であるとする主張）」と「皇国尊厳論（天皇を最高の存在とする考え）」とを強く打ち出した。前者は攘夷《じょうい》論、後者は尊王《そんのう》論につながるものである。

平田篤胤は多くの著作をのこして、天保《てんぽう》一四年（一八四三）に亡くなった。そして、かれの没後にその著作が広く読まれ、尊王攘夷運動がさかんになった。

●攘夷主義の限界

篤胤の著作が、明治維新をもたらした要因の一つとなったことは間違いない。しかし、かれの主張は、天皇支配を正当化するために書かれた『古事記』などから導き出された客観性を欠くものであった。

篤胤は、当時の欧米の高い文明の存在も、幕府の統治が二百数十年にわたって日本の庶民に平和と繁栄をもたらしたことも無視した。

古代語の語義や用法の考証に堅実な成果を上げた篤胤が、なぜ神道のことになると主観的で見方によっては奇矯《ききょう》（エキセントリック）とも感じられる主張を出してしまうのであろうか。

国粋主義におちいることなく、あくまでも外国の文化のよい面を公平に評価したうえで、

「自国の独自性を重んじよ」と説くことが望ましい。そうでなければ、かつて「日本は文化の劣る国だから武力で征服してしまえ」と命じたモンゴル（元朝）の皇帝フビライと同じ誤りを犯すことになってしまう。

こういった点を考えれば、ただ「外国人を排除して天皇親政を行なう」というだけの主張が空虚であることがわかってくる。明治政府は、その点を理解したうえで、上手に神道とかかわりつつ国政を整備していった。

廃仏毀釈と国家神道の時代

●明治新政権による神道の利用

国学に根拠をおく単純な尊王攘夷論の高まりが、江戸幕府の崩壊と明治維新をもたらしたことは間違いない。一九世紀なかばの時点で、上層、中層の農村や町人の大部分は幕府支配に疑問を感じていた。

そして、幕府崩壊の直前にそういった人びとのあいだに、「天皇親政が実現すれば国に安泰がもたらされて、世の中が豊かになる」という声が急速に広まった。このような考えは、反幕勢力（薩摩藩、長州藩）の意図的な宣伝で普及したものであったかもしれない。

幕府は、一九世紀はじめからの長期にわたる経済政策の失敗によって、人びとから見放されていた。しかし天皇にたいして、いまさら、

「王政復古になりましたので、これからは公家たちを使って神々をよくまつり、日本を豊かにしてください」

と頼むこともできない。そこで、明治政府の樹立にあたって、一つのごまかしがなされた。庶民にたいしては、

「明治維新によって天皇親政が実現された」

と発表したのだ。しかし、実際には薩摩藩、長州藩などの外国通《つう》、経済通の能吏《のうり》が政治を仕切る体制がつくられたのである。

●「神仏分離令」の背景

明治政府の目的は、欧米の科学技術をとり入れて産業を育成し、強力な軍隊をつくること（富国強兵《ふこくきょうへい》）にあった。しかし、国学の発想がしみこんだ庶民にたいしては、新政府が国学の説くような、古代の天皇支配のもとに正しい神の祭りを復興する姿勢をみせなければならなかった。

そのために、明治元年（一八六八）に仏教の悪い影響を受けた神道を本来のかたちにもどすための神仏分離令《しんぶつぶんりれい》が出された。平安時代なかばに神仏習合《しんぶつしゅうごう》の考えが広まって以来、神は仏事を喜ぶものとされ、神前で読経《どきょう》を行なう神社が一般的になっていたからだ。

江戸時代には、大部分の神社で僧侶が神事の一部を受け持つかたちがとられていた。しかし、明治時代に社僧《しゃそう》とよばれる神社に仕える僧侶はその職を失った。さらに、神仏分離令をきっかけに、廃仏毀釈《はいぶつきしゃく》とよばれる庶民の仏教への攻撃が起こり、多くの寺院が破壊される事態まで招いた。その実態は明らかにされてはいないが、全国の寺院の約半数がこのときに廃寺になったとする説まである。

ただし、これを神仏分離令が起こしたものだといいきることはできない。江戸時代なかばすぎには、民衆の寺院にたいする不満が高まっていた。江戸幕府の保護によって、墓地の経営や葬礼で多くの利益を上げる寺院が多かったため、修行をおろそかにして遊び暮らす僧侶が目立っていたからだ。

そして、廃仏毀釈の嵐がおさまった明治一〇年代（一八七七〜八六）に入ると、仏教界に、仏典研究を重んじ、民衆を教化していこうとする動きがはじまった。そのため、戦前の仏教は、神道の信仰とは別のかたちの心のささえになっていった。

●明治政府の神社統制の中身

政府は明治四年（一八七一）に「神社を国家の祭祀とする」宣言を出した。そして、それにもとづいて、神道の国教化をめざすさまざまな政策がとられた。

このため、国内のおもだった神社が、国家が経営にあたる官幣社《かんぺいしゃ》（皇室から祭りの寄付金が出される神社）と国幣社《こくへいしゃ》（国庫から祭りの寄付金が出される神社）、時の地方官が管理する県《けん》社《しゃ》、郷社《ごうしゃ》、村社《そんしゃ》に序列づけられた。

さらに、神職は祭祀を行なうものとされ、独自の布教活動を禁じられた。すべての神社が国家のための祭りを行ない、国民に天皇を尊敬して正しい生活をおくるように指導する場とされたのだ。

このような神社にたいする強い統制がなされた時代は、昭和二〇年（一九四五）の終戦によってようやく終わりを告げた。

これまで述べてきたように、日本史上には、神道にさまざまなはたらきかけを行なうことでそれを支配に利用する権力者や、神道に自分勝手な解釈を行なった学者が多く存在した。しかし、かれらによって、人間中心の考えに立ち自然を大切にする神道の基本思想が変えられることはなかった。

5章

●さまざまある神社の約束――

建物、神職、穢《けが》れと祓《はら》い…
神が降りる地の神秘

神社の境内には何がある？

●鎮守の森に神があつまる

これから、神の祭りの中心的な役割としての神社について説明していこう。神社がある場所を遠くからみると、そこはたいてい、こんもりと茂った森になっている。そして、森の前の部分に神社の建物が配置されている。

鎮守《ちんじゅ》の森といわれる神殿の背後の森が、神があつまるとされる神社でもっとも重要な部分である。近年まで、鎮守の森にむやみに立ち入ることを禁じていた神社も多かった。

●境内の基本的なつくりとは

神社の入り口には鳥居《とりい》がおかれており、それをくぐると拝殿《はいでん》までの参道《さんどう》がつづいている。そして、拝殿の背後に神社の建物のなかで中心的役割をもつ神殿《しんでん》がつくられている。神殿は本殿《ほんでん》や正殿《せいでん》ともよばれる。

神社にはこのほか、幣殿《へいでん》（神に幣帛《へいはく》というささげものをするところ）、神饌殿《しんせんでん》（神に供える食事を調理するところ）、祝詞殿《のりとでん》（祝詞を入れておくところ）、神楽殿《かぐらでん》（神楽を奉納するところ）といった建物があり、参道の脇には灯籠《とうろう》、狛犬《こまいぬ》がおかれている。

社務所《しゃむしょ》（神職が神社の事務を行なうところ）や授与所《じゅよしょ》（お札などを頒布《はんぷ》するところ）や納札所《のうさつしょ》（お札を納めるところ）もあり、古くからつづく有力な神社には文化財を納めた宝物殿《ほうもつでん》もある。ここの文化財を拝観することが、旅行者の神社巡りの大きな楽しみとなっている。

これまでにしめしたような神社のつくりは、国内に寺院が広まる飛鳥時代（七世紀はじめ）以降に整えられ、その形式がおおむねそのままのかたちで今日に受け継がれてきた。

●摂社、末社、分社とは

ある程度の規模の神社には、「本社《ほんしゃ》」とよばれる主祭神《しゅさいじん》をまつる社殿のほかに、「境内社《けいだいしゃ》」と称する小さな社がいくつかある。これは、摂社《せっしゃ》、末社《まっしゃ》とよばれる。摂社や末社は、主祭神とゆかりの深い神をまつるものである。

主祭神の姫神《ひめがみ》（妃や娘の神）、御子神、本社の祭神の荒魂《あらみたま》（本来の神霊から分かれた勇猛な神霊）、その土地に古くから鎮座していた地主神をまつるのが摂社とされる。そして、それ以外の神は摂社より格下の末社でまつられる。

もっとも、血縁関係はなくても、主祭神と特に強いつながりをもつ神の境内社は摂社とされる。

神社の境内の基本的な配置

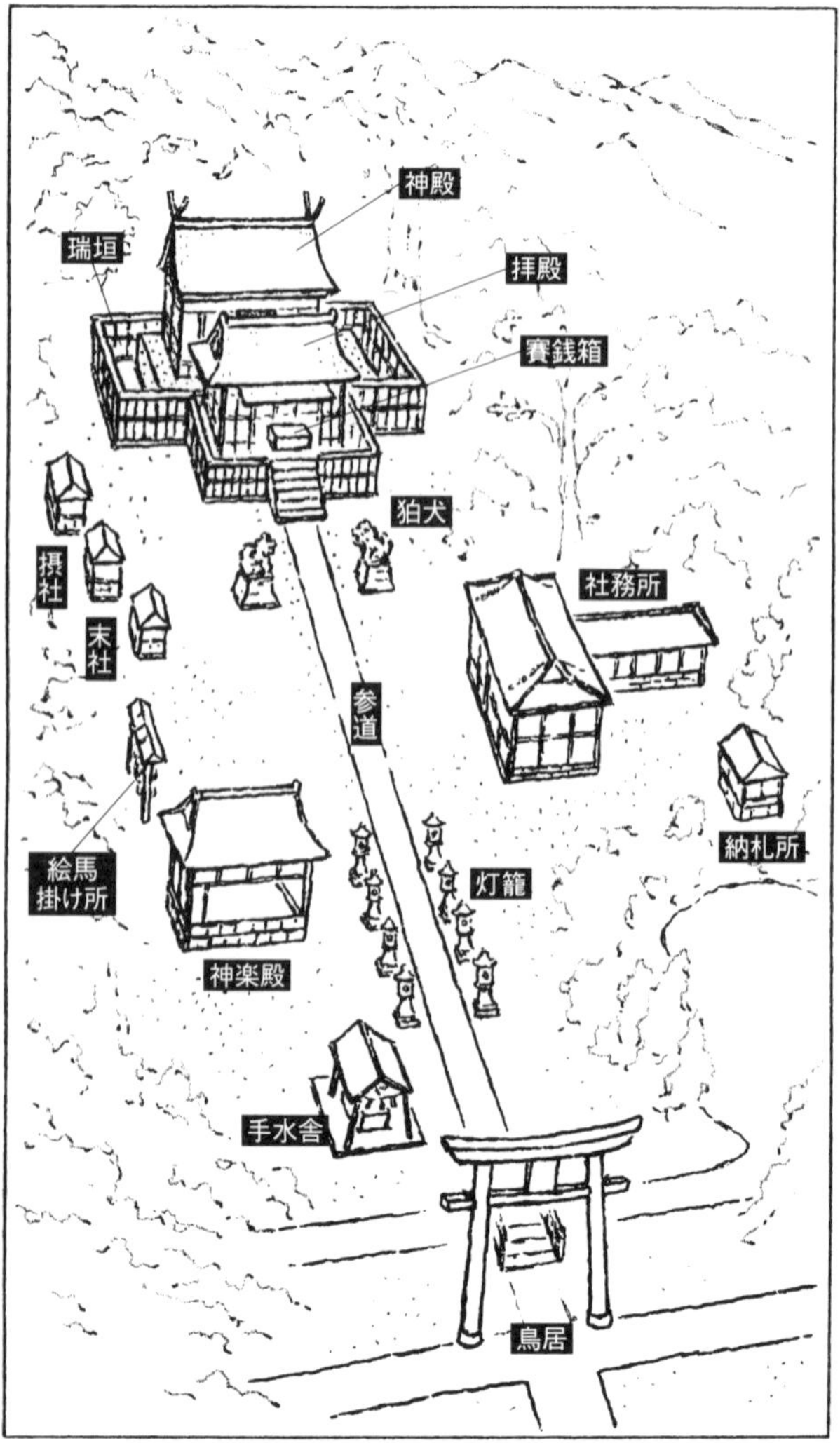

分社《ぶんしゃ》というのは、本社の祭神を分霊《ぶんれい》してつくられた神社である。前（67〜68ページ）にあげた八幡神の例では、宇佐神宮が本社で、手向山《たむけやま》八幡宮や石清水《いわしみず》八幡宮が分社にあたる。

分社は、摂社や末社とちがい、本社の支配を受けずにたいていの場合、経営的にも独立している。そのため、分社が力のある支援者を得て、本社より有力になった例も多い。

神殿と拝殿の役割は？

●稲倉の意匠が神殿に

仏教の伝来によって、仏像をまつる金堂《こんどう》や仏舎利《ぶっしゃり》を納める塔などからなる広大な寺院建築が日本に出現した。そして、それに対抗するかたちで神社という巨大な建物が生まれた。

神社の祭りの場を外来の寺院の意匠《いしょう》と同じ形式につくるわけにはいかない。そのため、もっとも日本的で神聖な形式の建物はなんだろうとあれこれ考えた結果、弥生時代以来つくられてきた稲を納める倉に似たものがつくられた。

古代の人びとは、自分たちの生活をささえる稲を神聖視して、稲には稲魂《いなだま》という霊が宿《やど》ると考えていた。『古事記《こじき》』は、天照大神《あまてらすおおみかみ》が伊奘諾尊《いざなぎのみこと》から与えられた勾玉《まがたま》の首飾りを倉のなかに設けた棚においてまつったとする話を記している。

倉は稲魂の祭りの場でもあったため、古代の庶民は稲倉を巨大にした形式の神殿が出現したとき、抵抗なくそれを神のすみかとしてとらえた。今日の神社の神殿も、この稲倉にならった古代の神殿形式を受け継いでいる。

この神殿には、神社でまつる神の御神体《ごしんたい》(神霊が依《よ》り付くものとして、祭祀《さいし》に用いられ礼拝の対象となる神聖な物体。古来、鏡・剣・玉・鉾《ほこ》などが多く用いられた）がおかれている。

●神殿や拝殿がない神社がある…

神殿の前につくられた拝殿《はいでん》は、神職が祭りをする場とされた。参拝者は、この拝殿に向かって神を拝む。

大和朝廷の発祥の地にある大神《おおみわ》神社は、神殿をもたないきわめてまれな例である。そこには、背後にある三輪山《みわやま》を拝むための拝殿だけが設けられている。大神神社がまつる大物主神《おおものぬしのかみ》は建物のなかにではなく、三輪山にいるとされる。このほかに、伊勢神宮のように拝殿を設けない神社もある。お伊勢参りをする者は、神殿前の外玉垣御門《とのたまがきごもん》で神を拝む。

しかし、特別の例外を除けば、神殿とそれにつづく拝殿が神社に欠かせない中心的建物であることはたしかだ。

神社と神職の格付けは？

●神社、神宮、大社…は何がどう違うのか

神社の称号には、「神社」といわれる普通のもののほかに、「神宮《じんぐう》」「宮《ぐう》」「大社《たいしゃ》」「社《しゃ》」といったさまざまなものがある。

このなかの「神宮」は、「神の宮殿」をあらわす言葉で、本来はもっとも尊《とうと》い神社をさすものだった。伊勢神宮、明治神宮、石上《いそのかみ》神宮などがそれにあたり、このなかの伊勢神宮はとくに尊ばれており、「伊勢」を省いて「大神宮」とよばれていた。

「大社」は本来、国津神をまつるもっとも有力な神社である出雲大社だけをさす名称であった。しかしのちに、諏訪《すわ》大社、伏見稲荷大社などの有力な神社も、「大社」とよばれるようになった。

「神宮」と「大社」の称号以外のものは、比較的自由に用いられている。もっとも、「神の宮」をあらわす「宮《ぐう》」は、神宮には及ばないが比較的有力なところに、大きな神社から分かれた「やしろ」をあらわす「社《しゃ》」は、比較的小さなところに使われる。したがって、「八

幡宮」は「八幡神社」より有力で、「八幡神社」は「八幡社」より格が高いということになる。しかし、このちがいは、いまではかなりあいまいである。

●神職の名称いろいろ

神職の呼び名は、神社によって異なる。伊勢神宮では祭主《さいしゅ》を最上位にして、その下に大《だい》宮司《ぐうじ》、少宮司《しょうぐうじ》、禰宜《ねぎ》、権禰宜《ごんのねぎ》、宮掌《くじょう》がくる。比較的大きな神社は、宮司、権宮司、禰宜、権禰宜の四者か、宮司、禰宜、権禰宜の三者をおいている。しかし、宮司もしくは禰宜だけしかおかない小規模な神社も多い。

宮司などの位《くらい》も、神社の規模によりまちまちである。そして、神職の総称として、関東では「神主さん」、関西では「禰宜さま」の呼び方が用いられることが多い。しかし、現在「神主」を神職の正式な名称として用いている神社はほとんどない。

神社建築の原形・神明造と大社造

●創建当初の形式をのこす古社

神殿の形式には、さまざまなものがある。

なかでも日本を代表する伊勢神宮と出雲大社で、古い時代にそれぞれ特徴のある社殿がつくられた。そしてこれらの神社では、一定期間ごとに、前のものと同じ様式の社殿を建て替える方式（遷宮《せんぐう》）が受け継がれてきた。

そのため、現在の伊勢神宮と出雲大社の本体の形式は、創建当初のものとほとんど変わっていないとされる。伊勢神宮や出雲大社の社殿の創建は、七世紀末もしくは八世紀はじめではないかとされている。

●今より壮大だった出雲大社

創建時の出雲大社は、今日のものよりはるかに壮大で、長い階段をのぼって神殿に参拝する約九六メートルの高さをもつものであった。ちなみに今日の出雲大社の神殿の高さは、その四分の一の二四メートルである。

今日、伊勢神宮に関係する神社では、伊勢神宮を手本にした神明造《しんめいづくり》の神殿が建っている。そして出雲系の神社では、出雲大社にならった大社造《たいしゃづくり》の神殿が用いられている。

そのほかのおもだった神殿の形式として、住吉大社の住吉造《すみよしづくり》、京都市の上賀茂《かみがも》神社、下鴨《しもがも》神社の流造《ながれづくり》、奈良市の春日《かすが》大社の春日造《かすがづくり》、大分県の宇佐《うさ》神宮の八幡造《はちまんづくり》、滋賀県の日吉《ひえ》大社の日吉造《ひえづくり》、日光東照宮《にっこうとうしょうぐう》の権現造《ごんげんづくり》などがある（次ページ参照）。

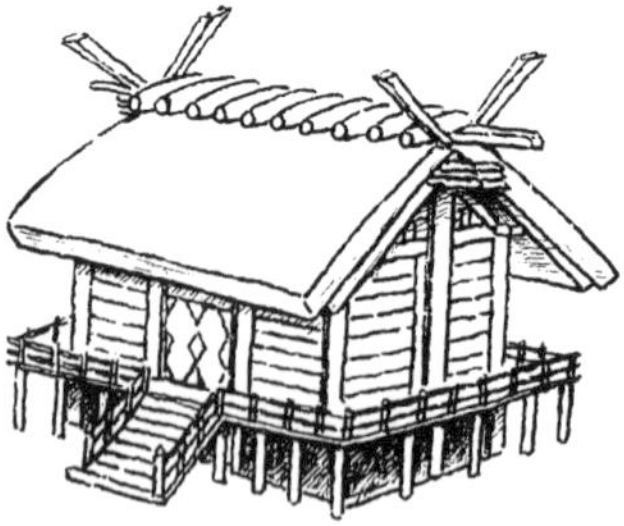

神明造

大社造

住吉造

春日造

神殿建築の様式

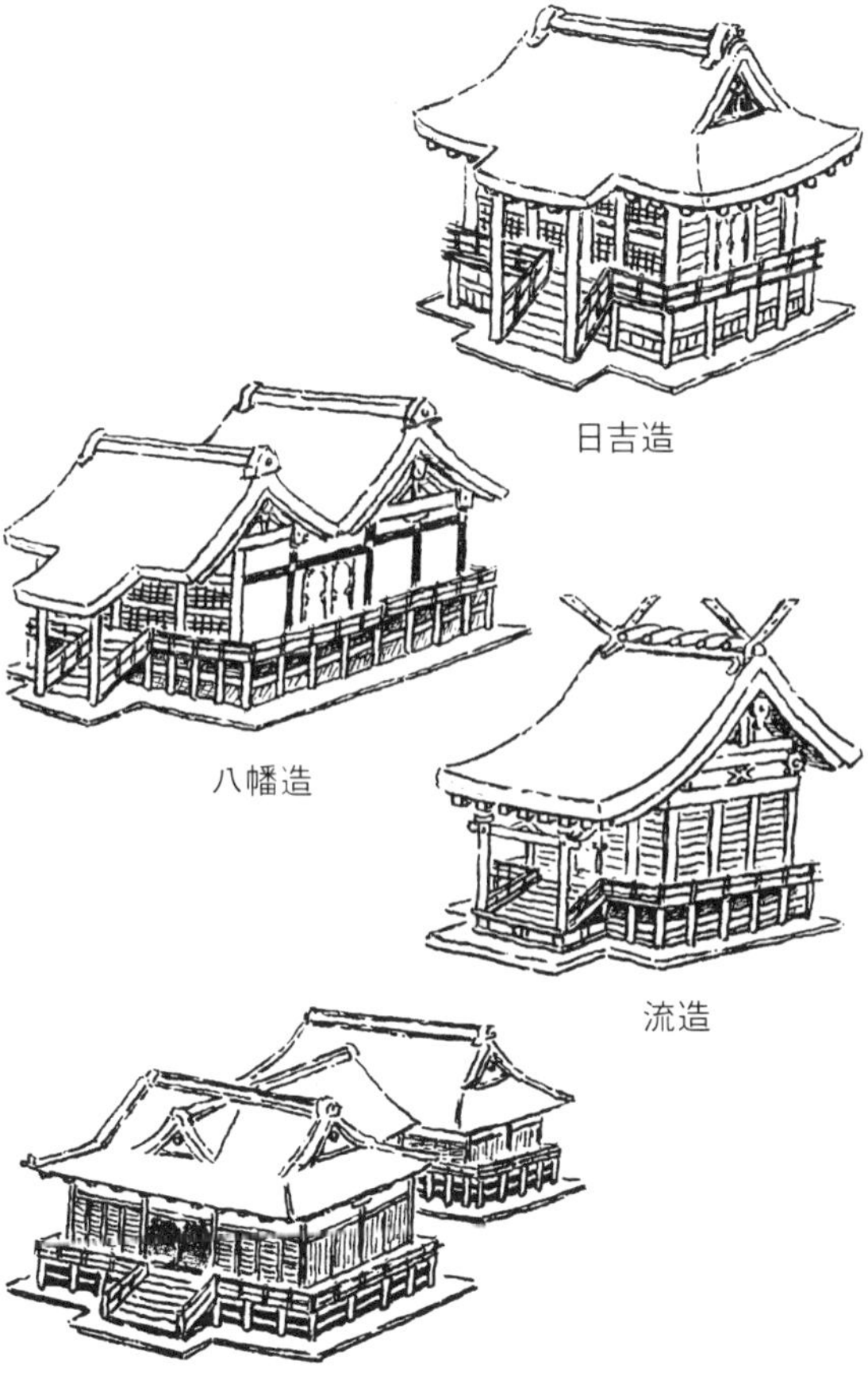

●神明造と大社造の違いは？

神明造は、切妻造《きりづまづくり》（棟《むね》〈屋根の頂点にある水平材〉の長さと軒《のき》の長さが同じで、棟から両側に本を半開きにしたような形の屋根をつくった建物）の建物を軒のある方向から拝むかたちにつくられている。それにたいして、大社造の社殿では切妻造の建物を軒のはじのある方向から拝む。

切妻造が古代の建物のなかのもっとも素朴な形式のものであることからみて、大社造と神明造とが、最古の基本的な神社建築の形式であったと考えられる。この二つにさまざまな装飾をつけるかたちで、住吉造以下の建築様式がつくられていったのであろう。

神明造の切妻の建物と大社造のそれとの細かいちがいは、いくつかある。神明造の建物は屋根がまっすぐなのにたいして、大社造の屋根には反《そ》り(曲線)が入っている。また、神明造の中心におかれた心御柱《しんのみはしら》は、床のすぐ下まで達するかたちに建物の床下に埋められている。それにたいして、大社造の神殿の中心にある心御柱は、棟《むね》まで通っている。

この心御柱に、神が降《お》りてくると考えられている。神の「依代《よりしろ》」とよばれる心御柱が、神殿のなかのもっとも大切な部分なのである。

神社の神殿と拝殿の屋根の上には、そこが神の住むところであることをしめす千木《ちぎ》と堅《かつ》魚木《おぎ》がおかれている。屋根の棟の両端にある×形の部分が千木で、屋根の棟におかれた丸太が堅魚木である。

これらは、もとは古代の宮殿の屋根の装飾に用いられたものであった。そして、藤原京(六九四〜七一〇)が完成したのちに、天皇が和風の建物でなく中国風の瓦葺《かわらぶ》きの建物に住むようになったので、神社にだけそれらがのこったのである。

神域と人間界とを分ける鳥居と注連縄

●鳥居は神域と人間世界の境界

神社の入り口にある鳥居は、神が降りてくる神域と人間が住む世界とを区画するためにおかれたものである。この神聖な場所の入り口に鳥居を立てる風習は、神社の建物がつくられるようになる前から存在した。

神殿がなくても鳥居があれば、そこが神域、すなわち神社とされるのである。現在でも、土地の神や山の神をまつる特別の場所の入り口に鳥居だけがおかれ、建物がつくられないかたちの神社がいくつもある。

祭りのときに御輿《みこし》をとどめて特別の儀礼をする場所にも、鳥居がある。そこは、神社の所有地になっており「御旅所《おたびしょ》」などとよばれるが、御旅所にはふつう垣根と鳥居だけがつくられている。

鳥居の起源についてはさまざまな説がある。インドのストゥパ（仏塔）の門であるトラーナをまねたものだとか、中国の宮殿などの前におかれた華表《かひょう》という門にならってつくられたといった説である。

しかし、鳥居のもとのかたちは、ただの木の門であっただろうと思われる。それは、神域に「通り入る」ところであった。「とおりいる」がつまって「とりい」になった。

●なんのために注連縄を張るのか

神社の入り口には、注連縄《しめなわ》が張られている。この注連縄は、もとは神域のまわり全体に張られ、人びとに、「ここにむやみに近づいてはならない」と告げるものであった。

古代には、自分の農地のまわりに縄を張りめぐらせて他者の侵入を禁じるしきたりがあった。これにならって、神域も縄によって区画されるようになったのである。さらに、神域の境界の縄をほかの縄と区別するために紙垂《しで》（「四手」「垂」）をつけるようになり、注連縄がつくられたのである。

注連縄のいろいろ

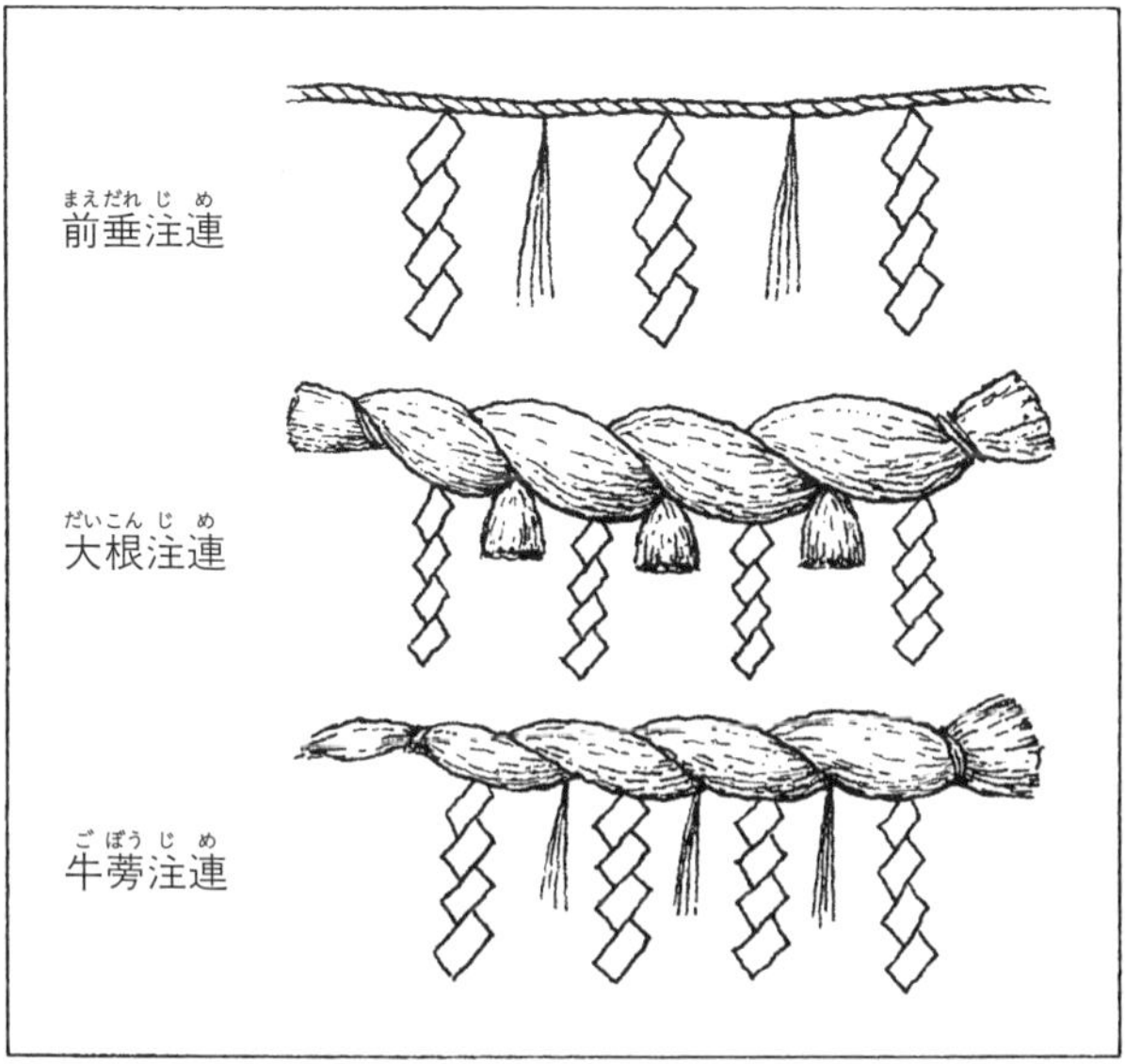

様々ある鳥居の形式

●参道に連なる複数の鳥居

古くは、神域の入り口に鳥居を一つだけおくかたちがとられていたと思われる。

しかし、今日の有力な神社の参道には複数の鳥居がみられる。

その場合、もっとも外にあるものを一の鳥居といい、拝殿に近づくにしたがって、順番に二の鳥居、三の鳥居と名づけていく。

もっとも、一部の稲荷《いなり》神社では、参道に赤いトンネルができたようなかたちに多くの鳥居が奉納されている。そういったところでは、一の鳥居、二の鳥居といった数え方はしない。

●鳥居の原形・神明鳥居

鳥居には神明《しんめい》鳥居、明神《みょうじん》鳥居などの多くの形式がある。このなかの伊勢神宮の内宮《ないくう》で用いられた神明鳥居が、もっとも鳥居の原形に近いのではないかとされている。

それは、四本の木材でつくられたものである。二本の円柱の上部に笠木《かさぎ》とよばれる円柱形の木材をのせ、笠木の下部に笠木と平行に貫《ぬき》とよばれる木材を付したものである（左イラスト参照）。

もとは、笠木と二本の円柱とからなる扉のない門が王家の庭や祭場の入り口におかれていたのではあるまいか。そして、のちに神域の門をほかの門と区別するために笠木の下に貫が付されたのであろう。その貫は、不浄なものが門内に入るのを禁じることを告げる目印でもあった。

のちに神明鳥居にさまざまな装飾が付されるかたちで、多様な形式の鳥居がつくられた。

ちなみに、明神鳥居は、数ある鳥居のなかでももっとも普及したものの一つで、現在でもしばしば見ることができるものである。

鳥居の基本構造と種類

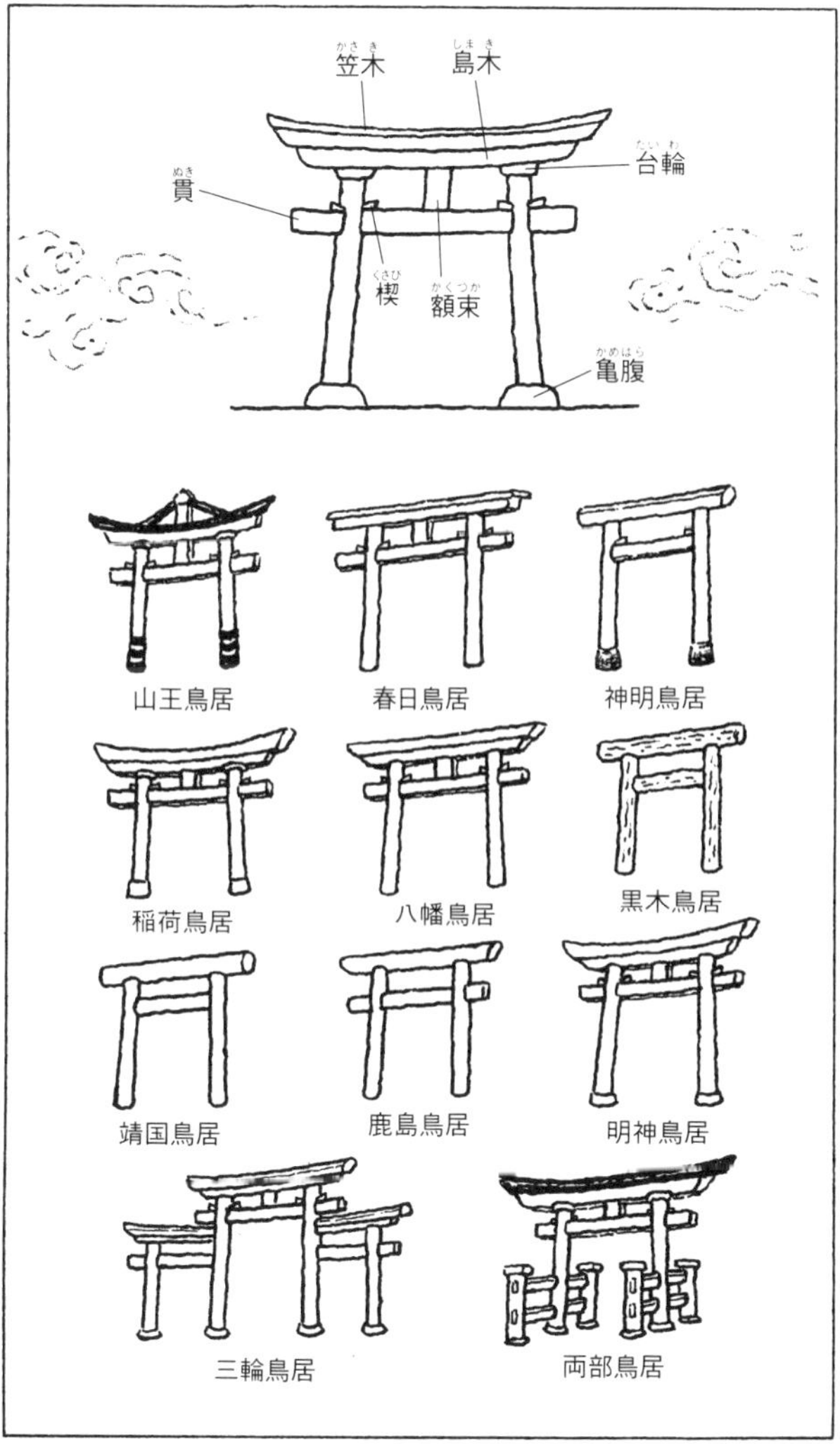
笠木《かさき》
島木《しまき》
台輪《たいわ》
貫《ぬき》
楔《くさび》
額束《かくつか》
亀腹《かめはら》
山王鳥居
春日鳥居
神明鳥居
稲荷鳥居
八幡鳥居
黒木鳥居
靖国鳥居
鹿島鳥居
明神鳥居
三輪鳥居
両部鳥居

灯籠の意味と狛犬のルーツ

●参道の正しい歩き方

神社の一の鳥居をくぐりぬけると参道《さんどう》に入る。この参道は、神と人とを結びつける神聖な通路で、神職はそこをつねにちり一つ落ちていない清浄な状態に保っておかなければならない。

また、参道の中央は、神が神殿と人間が生活する世界とのあいだを行き来する道だとされる。そのため、神社を参拝するときには、参道の中央をさけて参道の端を歩かなければならない。

●神々を守る参道沿いの施設

神社のまわりには、玉垣《たまがき》とよばれる木や石の低い柵がめぐらされている。そこの内部が、古くから神が降りてくる聖域とされた土地である。

古くは、榊《さかき》などの木をならべて植えて玉垣をつくっていた。しかし、奈良時代に朱ぬりの板でつくった玉垣が流行し、榊を玉垣にする習俗はすたれていった。近年では、寄進をした者の姓名を刻んで朱を入れた石でつくった玉垣が多くなっているが、広島の厳島《いつくしま》神社には、奈良時代風の朱ぬりの玉垣がのこっている。

玉垣の先の境内の参道には灯籠《とうろう》がみられる。これは、もとは参拝者のための照明として設けられたものであったが、現在は灯明を神に献ずるために用いられている。

参道の両側に、魔物が神域に入らぬよう警戒する魔よけのための狛犬《こまいぬ》が一対《いっつい》おかれている。これは、オリエントやインドのライオン像が、中国、朝鮮半島をへて伝えられたものである。

その異様な姿が、日本の犬と異なる高麗《こま》（中国東北地方から朝鮮半島北部にかけての地域を支配した国で「狛《こま》」とも書く）の犬だとされたのである。

手水舎で穢れを祓う

●鳥居をくぐる前の心得

神社の参拝は、鳥居をくぐった時点からはじまる。誰でも、鳥居のなかでは穢《けが》れのない清らかな気持ちを保ち、神への敬意をしめさねばならないとされる。つまり、拝殿の前でお参りをすることだけが、神に参る行為ではないのである。

鳥居は、神のいる聖域と人間の生活の場とを区画する大切な場所であるから、鳥居をくぐる前に、神殿の方向に向かってかるく会釈する。鳥居の内部に入る前に、帽子やコート、マフラーなどの防寒具をとるのが礼儀である。

神聖な鳥居をくぐることは、身を清める行為になるが、日常生活のなかでそれだけでは祓《はら》いきれない重い穢れを負っている場合もある。

そのために、神前に出る前に水を用いて禊《みそぎ》という祓《はら》いを行なう。古くは神前に流れている川で手を洗ったり口をすすいだりしていた。

●ミソギの正しい作法

伊勢神宮にはいまでも、参道を横切る五十鈴《いすず》川にある手洗い場で身を清める習俗がのこっている。しかし、多くの神社では鳥居をくぐったあたりにある手水舎《ちょうずや》（「てみずや」「おみずや」とも読む）で禊がなされる。

参拝者は、手水舎におかれた水盤《すいばん》にたたえられたきれいな水で、禊を行なう。この水盤には柄杓《ひしゃく》が添えられている。

まず、柄杓を右手にもって、水を左手にそそいで左手を清める（イラスト①）。ついで、柄杓を清めた左手にもちかえて右手を清める（イラスト②）。そして、最後に清められた右手で柄杓をもって、左手の手のひらをすぼめて水をそそぎ、その水で口をすすいで口を清める（イラスト③）。このようにして、手と口とを清めて禊は終わるのである。

神社の参拝では、さまざまなかたちをとって、幾度も祓いが行なわれる。これは、参拝が、神に自分の都合のよい頼み事をするものではなく、自分の汚れた考えを清め、今後、清らかな心で人びとのために生きようとする決意を強めるための行事であることをしめすものである。

禊の作法

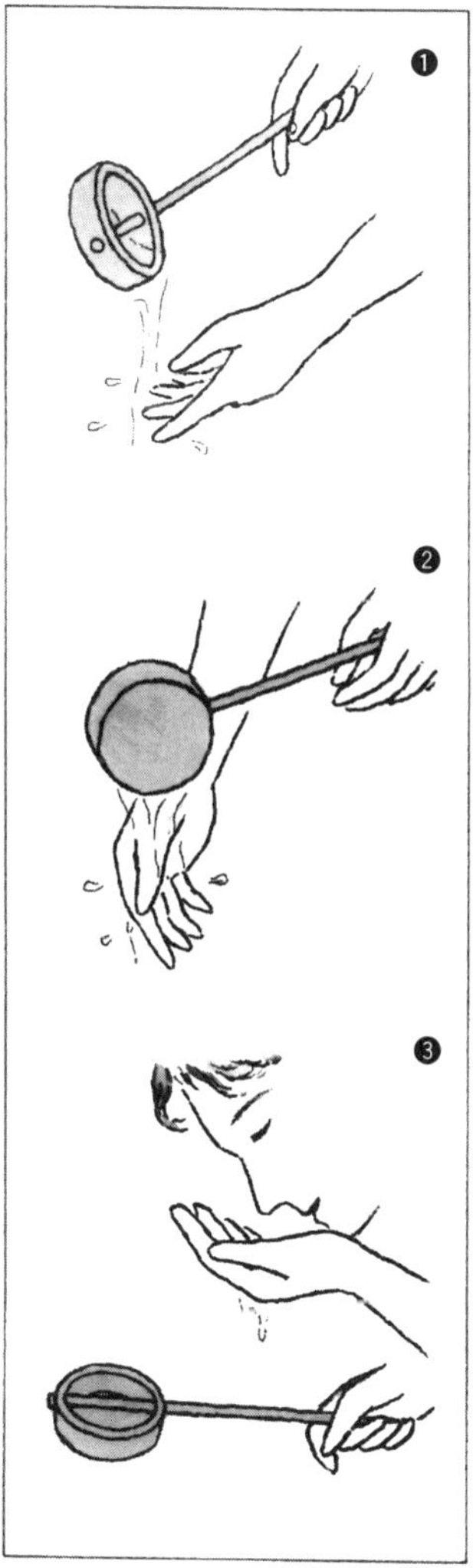

良い精霊を招く神社の鈴

●なんのために鈴を振るのか

大部分の神社では、拝殿の正面の上部に鈴がつるされている。そして、参拝者はまず鈴からたらされた布を振って鈴を鳴らす。

この行為は、鎮魂《たましずめ》や魂振《たまふ》りとよばれる古代に行なわれた神事である。古代人は、鈴の音が神霊を招き邪霊を払うことによって、人間のもつ霊力が高まると考えていた。

縄文時代の遺跡からは、呪術に用いられたとみられる土鈴が出土している。また、古墳時代の国産の銅鏡で、鏡のまわりに鈴を付した鈴鏡《れいきょう》とよばれるものがいくつかみつかっている。このような銅鏡は、中国にはみられない。

●風が霊力を高める

空中に多くの目にみえない精霊がいると考えていた古代人は、空気を揺らすことによって、精霊の世界に自分の魂の意志を伝えることができると考えてきた。そのときの風(空気)の流れで、自分と合わない精霊は吹きとばされ、自分に好意をもつ精霊が吹き寄せられる。

物部氏に伝わる鎮魂祭のいわれ

天津御祖《あまつかみのみおや》が、物部氏の祖先である饒速日命《にぎはやひのみこと》に「天璽端宝十種《あまつしるしのみづだからとくさ》」（瀛津鏡《おきつかがみ》、辺津鏡《へつかがみ》、八握剣《やつかのつるぎ》、生玉《いくたま》、死返玉《しにかえしのたま》、足玉《たるたま》、道返玉《ちかえしのたま》、蛇比礼《へみのひれ》、蜂比礼《はちのひれ》、品物比礼《くさぐさのひれ》）を授けた。

↓

「一二三四五六七八九十《ひとふたみよいつむななやここのたりや》」と唱えてそれを振れば、死者も生き返る。

そうすると、まわりに相性のよい精霊があつまることによって、自分の霊魂が明るい気持ちをもち、その力を高めるというのである。

そのため、古代人は布を振ったり、銅鏡、銅剣などの呪物を振ったり、鈴のなかの小さな玉などを動かし音をたてたりして魂振りを行なった。大和朝廷では、物部《もののべ》氏が大王《おおきみ》のための鎮魂の呪術を行なう役割を受け持っていた（上図参照）。そして、この鎮魂の手法が各地の神社の祭事にとり入れられていった。そして、もっとも簡単な鈴を鳴らすかたちの鎮魂が、今日の神社の参拝の場面に受け継がれた。

賽銭にこめるべき思いとは

●自ら犯した罪を償う

拝殿の鈴の下に、参拝者が賽銭《さいせん》を投げ入れる賽銭箱がおかれている。

今日では、この賽銭は神社への寄付金と考えられているが、本来はその賽銭は自分のために神社にささげるものであった。

古代に祓具《はらえつもの》という考えがあった。罪を犯して穢《けが》れた者は、祓《はら》いによって身を清めることでその罪を許される。しかし、自らを穢した者は、できれば自らの意志で自分の罪が共同体（世間）に及ぼした損害に合った償《つぐな》いをするのがよい。

この考えによって、穢れた者は、祓いにあたってすすんでさまざまな品物を神前に差し出した。そして、それは祭りなどの費用にあてられた。この祓具は、強制的に徴収されるものではない。

●素戔嗚尊がささげた祓具《はらえつもの》

『日本書紀』などは、天照大神《あまてらすおおみかみ》を怒らせて日食《につしよく》を起こした素戔嗚尊《すさのおのみこと》が、自らのための祓いを行なうときにすすんで「千座置戸《ちくらのおきど》」（一〇〇〇ほどの数の台にのせた多くのささげもの）を差し出した話を記している。これが、祓具をささげる習俗の起源とされている。

私たちは、日常生活で知らず知らずのうちに犯した罪や穢れを清めてもらうために賽銭を神前にささげるのである。古代の皇室や貴族は、多くの宝物や絹布を「幣帛《へいはく》」の名で祓具として神にたてまつっていた。そういった品物の大部分が絹織物（帛《はく》）であったため、「幣帛」という語が使われるようになった。

また、そのころの庶民は、参拝のとき紙に包んだ洗米を神に差し出すことが多かった。

室町時代に貨幣が普及すると、さまざまな幣帛の品物が銭に代えられて賽銭となった。

お守り、おみくじ、絵馬は神の分身

●古代人が勾玉を身に着けた理由

神社に参拝するときに、お守りをうけ、おみくじを引くことが多い。このお守りをつねに身につければ、さまざまな災難から逃れるとされる。そして、おみくじによって、将来の運勢がわかるという。

お守りをもっているだけで、病気や事故から救われるなら、これほどありがたいものはない。しかし、実際には神社のお守りにそれほどの力はない。

古代人がお守りとして玉類を身につけていた習俗がもとになって、神社のお守りがつくられた。古代人は、円形という完全なかたちをあらわす「たま」を「たましい（霊魂）」、つまり精霊を象徴するものと考えていた。精霊は私欲をもたず、つねにまるい、かたよらない考えをもっている。

ところが、人間にはさまざまな欲望があるから、その霊魂のかたちが、ついかたよったかたちになってしまう。そのため、古代人は完全な霊魂のかたちをあらわす玉類を身につけて、時々それを眺めることによって、自分の霊魂をまるいかたちに保つように心がけた。

この考えによって、装身具としてさまざまな玉類がつくられた。巴《ともえ》形の勾玉《まがたま》、円筒形の管玉《くだたま》、小さな球形の小玉《こだま》などである。これらは、円を基本とする意匠をもっている。

このなかでとくに重んじられたのが勾玉である。それは、まるい霊魂が飛び回っている姿をあらわすもので、球形の火が尾をひくかたちをとる。古代人は、玉類を身につけてまるい心をもって生活すれば、かならず多くの精霊の助けが得られると考えていた。

●勾玉からお守りへ

平安時代に仏教の呪符《じゆふ》が広がると、神社でもそれをまねたお守り札（護符《ごふ》）や携帯用のお守りがつくられるようになった。そして、人びとが、ただの装身具である玉類より社名、神名、祈禱《きとう》文が書きこまれたお守りのほうがありがたいと考えたことにより、お守りは急速に広がっていった。

そのため、男性が勾玉などを身につける習俗はすたれた。今日のお守りは、神職がつくったものを神前に供えて祈願したのちに授与されるものである。

●おみくじの起源は？

おみくじは、古代の辻占《つじうら》の習俗から生まれたものである。古代人は、精霊がおりをみて自分の指針をしめす言葉を与えてくれると考えていた。

その言葉は、自分と利害関係のない他人の会話のなかにふとあらわれる。たまたまそばを通りかかった者の言葉のなかに心ひかれるものがあれば、それを神の言葉とみて、自分がかかえる悩みごとの解決の手がかりとせよというのである。

こういった辻（人のあつまるところ）で発せられた言葉による占いである辻占の有効性を信じていた昔の人間は、神社に参詣するときに耳に入った言葉を問題解決の手がかりとした。しかし、のちに神前で言葉を書いたお告げの紙を選ぶ方法が、自分で言葉を求めるよりよいと考えられるようになったため、おみくじがその後の人生の指針とされたのである。

●なぜ絵馬は「馬」なのか

神社の絵馬殿には、裏に願い事や感謝の言葉を書いた絵馬が多く納められている。この絵馬は、神に馬をささげた習俗をもとにつくられた。馬が貴重であった古い時代には、有力者の寄進で神事に用いる神馬があつめられた。

のちに、より実用的な貨幣や絹布、米を神社に献上し、そのさいに、馬に代わって馬の姿を描いた板を添えるようになった。こうして絵馬が生まれた。

最古の絵馬は、奈良時代のものである。そして、江戸時代には、馬以外のさまざまな絵を描いた絵馬があらわれはじめた。

神職の装束に秘められた約束

●平安貴族の装束が起源

神社を訪れると、優美な装束を身につけた神職や巫女《みこ》の姿が目につく。まるで、平安絵巻から抜け出してきたような姿である。

私たちがふつう目にする男性の神職の装束(常装《じょうそう》)は、次のようなものからなる。まず、白衣《びゃくえ》とよばれる白い和服をつける。その上に単《ひとえ》という色のついた和服を着るが、これは省略してもよい。そして、最後に狩衣《かりぎぬ》と袴《はかま》をつけて仕上げる(このほかに、正装《せいそう》、礼装《れいそう》という特別の祭事用のあらたまった装束がある)。この狩衣は、平安貴族の平服に用いられたものである。袴はネジマチ仕立て（スカート状ではなく股のあるもの）で、動きやすくなっている。

この袴の色によって、神職の地位を知ることができる。白紋入りの白袴がもっとも上位にくるもので、それについで、白紋入りの紫袴、紫紋入りの紫袴、紫袴がくる。これらの袴は絹でつくられている。

これらの下位に、浅黄色《あさぎいろ》（現代の感覚では水色にみえる）の袴と白袴がある。これらは、木綿製である。白袴は、神職の資格を正式に取得していない研修中の者がつける。現在、各地の神社では、浅黄色の袴をつけた神職をもっとも多くみることができる。

装束を身につけたら、頭に烏帽子《えぼし》をかぶり、手に笏《しゃく》をもつ。烏帽子とは、平安貴族が好んだ絹などに漆《うるし》をぬって固めた黒いかぶりものである。笏は、貴族が天皇の命令を記したり、天皇に申し上げることをメモしておくための板であった。

この笏は、朝廷の行事には欠かすことのできないものであった。そのため、貴族の肖像画にはかならず笏が描かれている。神職が、笏の裏に祝詞《のりと》を記して折りたたんだ紙をもち、神事にのぞむ場面がしばしばみられる。

●女性の神職、巫女の装束は？

女性の神職は、男性の神職と同じく白衣と単をつけたうえに、水干《すいかん》（表衣《うえのきぬ》、袍《ほう》）とよば

神職の常装

れる女性用の上衣とネジマチ仕立ての袴を着る。襅《ちはや》とよばれる古代の巫女が用いた服を身に着けることもある。さらに、頭を額《ぬか》当てで飾り、手にボンボリとよばれる扇をもつ。女性の神職の装束は、男性の神職の装束より、はるかに華やかにみえる。

巫女の装束は、女性の神職のものより簡略である。ふつうは、白衣に緋袴《ひばかま》（あざやかな赤色のネジマチ仕立ての袴）をつけて神事にあたる。また、祭りで舞いを演じるときにかぎって、巫女は襅《ちはや》を着る。そして、花簪《はなかんざし》とよばれる花のついたカンザシを頭にさし、五色の絹をつけた鉾先《ほこさき》舞鈴《まいすず》、神楽鈴《かぐらすず》、檜扇《ひおうぎ》、舞扇《まいおうぎ》などをもつ。

この姿は、平安時代の宮廷の舞姫の衣装にならってつくられている。いまでは、有力な神社の神事で、雅楽に合わせた王朝風の大がかりな巫女の舞いをみることができる。

神職になれる人の資格

●神職の五つの位とは

神職になるには資格をとる必要がある。神職には、浄階《じょうかい》、明階《めいかい》、正階《せいかい》、権正階《ごんのせいかい》、直階《ちょっかい》の五つの位がある。各県の神社庁が行なう講習と実習を受けて試験に合格すれば、誰でも神職の資格をとることができるが、この試験がなかなかむずかしい。

この方法より楽に資格をとるには、所定の学校で学べばよい。東京の國學院《こくがくいん》大學の神道文化学部と伊勢の皇學館《こうがっかん》大学の神道学科で四年間学んで卒業すれば、明階を取得できる。神道学科は、神道学だけを学ぶものではなく、日本史や国文学の知識も一通り身につけることができる。この二つの大学には、ほかの大学を出た人のための神道専攻科があり、そこに行けば一年で明階がとれる。

また、各地に神職養成所（伊勢市の神宮研修所など）があり、そこで学べば、高校卒業後一年で権正階、二年で正階をとれる。

●巫女になる方法

戦前は、男性だけが神職をつとめる慣行がとられていたが、現在では女性も所定の教育や試験によって神職の資格を得られるようになったため、女性の宮司《ぐうじ》も少なくない。

全国の神職の人数が約二万一〇〇〇人であるが、そのうち二〇〇〇人余りが女性である。巫女《みこ》になるには資格は必要ないが、巫女を募集する神社ごとに、未婚の女性であるとか、二五歳以下であるとかいった資格を定めている。その条件に合えば、神社の選考を受けて合格すれば巫女になれる。

伊勢神宮では、毎年一〇人ほどの巫女を募集するが、その二倍から四倍の応募があるといわれる。正式の巫女ではなく、年末年始などの時期のアルバイトとして巫女になるのは、比較的容易である。

神職や巫女の装束は、資格のない人でも買うことができる。専門店に注文してあつらえてもらうのだが、素材によっては三万円から五万円程度で衣装一式をそろえることもできる。神職のほかに、雅楽の奏者も王朝風の服を注文にくるという。

これまで述べてきたように、神社のなかには私たちの遠い祖先が重んじてきた多くの習俗がのこっている。

6章

●神の祭られ方、拝まれ方——

祭祀と参拝に込められた知られざる意味とは

氏神と氏子

●住民と土地の神とのつながり

本章では、神の祭り方についての説明をしておきたい。今日の神の祭りは、氏神《うじがみ》と氏子《うじこ》とのつながりを基本につくられている。

氏神を産土神《うぶすながみ》や鎮守神《ちんじゅがみ》とよぶこともあるが、現代人には「氏神」の言葉はなじみにくい。それを「土地を守る神様」と理解しておこう。

日本のあらゆる土地に、多くの神（精霊）がいる。そして、一つの地域の神々があつまってあれこれと語りあい、その土地に住む人びとを守るための営みをする場所が、氏神の神社である。

●氏の神から地域の神へ

古代では、一つの集落で血縁で結ばれた一族一門がまとまって生活する社会がつくられていた。こういった時代に土地の守り神は、その地域の人びとの祖先神《そせんしん》である「氏《うじ》の神」とされた。

神の呼び名とその意味

神の呼び名	本来の意味→現在一般的に理解される意味
氏《うじ》神《がみ》	一門一族の守り神→地域(村や町)の守り神
産土神《うぶすながみ》	生まれた土地の神→地域(村や町)の守り神
鎮守神《ちんじゆがみ》	一定の土地を支配する神→地域(村や町)の守り神

ところが、江戸時代以後に人びとの移動が多くなった。農村から江戸や大坂などの都市に出ていった者が、自分が生まれた村の祭りに参加できなくなり、神の守りを受けられなくなると困る。そこで、そのころから、誰でもその土地に古くからいる者とともに、氏神のもとの共同体の一員である氏子になれるとする考えがとられるようになった。

そのため、現在では血縁に関係なく、神社のある地域の人びとがまとまってそこの祭礼を行なうようになった。

参拝の正しい方法

●参拝は祓いの行為の一つ

神社への参拝は、祓《はら》いの行為の一つだとされている。それは本来は定期的に日を決めて、氏神にまいり、神前で罪や穢れた嫌な思いをきれいさっぱりと捨てて、清らかな気持ちで出直すものである。

信心深い者は、毎月一日ごとに、もしくは一日と一五日ごとに氏神に参拝するが、そこまでしなくても正月に初詣でを行ない、年に一度の祓いを行なうだけでもかまわない。

もともとは、心身を正し、清い心で神を拝むなら、どのような形式で神社に詣でてもよいとされていた。しかし、実際には心を落ち着けるための一定の参拝の方式を用いるのがよいと考える者が多い。

●「二拝二拍手一拝」の拝礼

正しい拝礼の方法を記そう。手水舎《ちょうずや》で身を清めたのちに拝殿の前に立つ。そして、鈴を鳴らし、賽銭をささげたのちに、「二拝二拍手一拝《にはいにはくしゅいっぱい》」の拝礼を行なう。これで参拝は、無事終わったことになる。神の祭りには、煩雑なとりきめごとは一切ない。

二拝二拍手一拝とは、まず頭を軽く二度下げたのちに、両手を大きく開いて二度拍手する。そのあとに頭を深々と下げる。願い事のある者は、このときに、心のなかでそれを述べる。神前の拍手は、左右の手のひらをわずかにずらして行なう。

お辞儀も拍手も、古代人のあいさつである。お辞儀は、相手にたいして敵意をもっていないことをしめし、相手を敬う気持ちをあらわすものである。そして、拍手は相手に会った喜びを表現したものだ。私たちも、うれしいときには自然に手を打つ動作が出る。

古代以来、日本人は人間に接するのと同じかたちで、神とかかわってきたのである。

お祓いの正しい受け方

●神社で行なわれる様々な祈願

神社では、厄年《やくどし》のお祓いや七五三の祈願など、人生の節目におけるさまざまな祈願を行なっている。このような場合には、神職が神をまつり、参拝者の願いを祝詞《のりと》のかたちで神前に披露する。

この神事は、神社の拝殿で行なわれる。拝殿に入る場合は、無言で頭を低くして静粛を保ち、神への敬意をあらわさなければならない。

●祝詞を聞くときの心構え

神職の案内によって神前の所定の席に着席したところで神事がはじまる。まず、神職が「掛《かけ》まくも畏《かしこ》き伊邪那岐大神《いざなぎのおおかみ》」にはじまる祓詞《はらえことば》を唱える(192ページ参照)。これは、特別の願いをする者は、十分に身を清めねばならないとする考えによる。

この祝詞奏上《そうじょう》の儀は、とくにかしこまって聞くようにする。このあと、神職がお祓いをしてくれる。それは、棒にいくつもの紙の紙垂《しで》をつけた祓い棒を参拝者の頭の上で振ることによって参拝者の鎮魂《たましずめ》（魂振《たまふ》り）をするもので、これが神事のもっとも大切な部分とされる。

お祓いのときには、祝詞奏上のときよりさらに頭を低くして心をしずめるようにつとめる。余計な考え事はしないように。

このようにていねいに祓って身を清めたのちに、神前に玉串《たまぐし》をささげることになる。

玉串の正しい捧げ方

●榊でつくる玉串

玉串《たまぐし》は、榊《さかき》の小枝に紙垂《しで》や木綿《ゆう》（楮《こうぞ》の繊維で、いわゆる木綿《もめん》とはちがう。のちに麻の繊維も木綿《ゆう》に用いられた）をつけたものである。この玉串は、神職から渡される。

玉串のささげ方の手順は、左のイラストの通りである。これが終わると、神社の拝礼と同じように二拝二拍手一拝を行なう。

こうして、玉串の儀はとどこおりなく終わる。

玉串の捧げ方

❶

左手で玉串を神職
から受け取る

❷

右手を玉串の根元にそえる
（これを胸の高さに捧げ、神前
の玉串案まで進む）

❸

玉串を右まわりに
90度まわす

❹

左手を玉串の根元にひき、
心の中で願い事を唱える

❺

右手で玉串の中ほどを
下から支える

❻

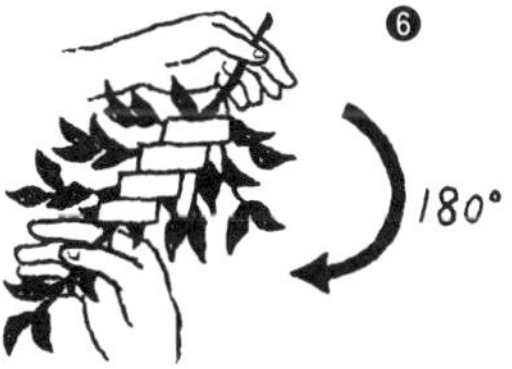

玉串を右まわりに
180度まわす

❼

玉串を両手で玉串案の
上に捧げ、左手、右手
の順で手をはなす

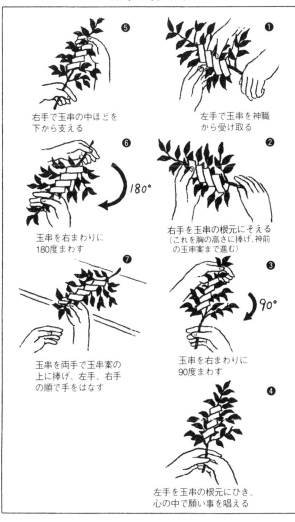

紙垂のつくり方

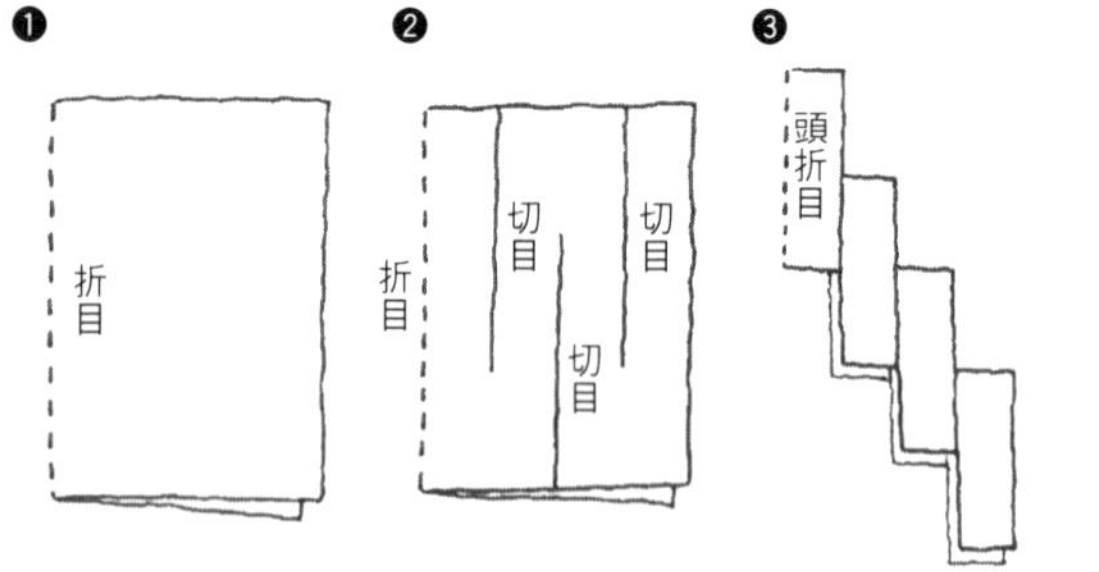

❶ 4つ切りした半紙を縦に2つ折りする

❷ 4等分に折目をつけ、上下互い違いに3分の2まで切り込む

❸ 折目のある1片を頭にして、残りの3片を順に手前に折り返す

●簡素化された儀式

玉串の儀は、神にささげものをする行為に代わるものである。もとは、祭りの場で刀剣、絹織物などの高価な供え物が神前にならべられたが、儀式を簡素にするために、神の衣をあらわす木綿《ゆう》や紙垂《しで》を榊につけて神前にささげるようになったのである。

現在では、祈願にあたっての神社への寄付は、現金を包んで玉串料の名目で神職に渡すことになっている。

神棚の正しいまつり方

●縄文時代以来の家の祭り

神道における家庭の祭りは、神棚を中心に行

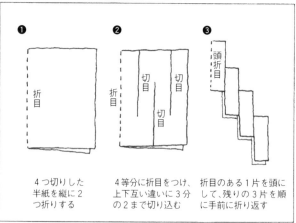

なわれる。日本では古くから生活をともにする家族のつながりが重んじられてきた。そのため、家族がそろって家を守る神をまつる風習がつくられたのである。

縄文時代の住居を発掘すると、家のなかの男性の居住区と女性の居住区とのあいだにつくられた、神をまつる小さな空間がみつかる。そこからは、土偶《どぐう》や石棒《せきぼう》などの祭器が出土する。

家ごとの祭りが、縄文時代以来つづいてきたものであることは間違いない。しかし、現在では神棚をまつる家はそう多くはない。中世に仏教が庶民へ広まったことによって、仏壇が家庭の祭祀の中心となったからである。

その結果、神棚を祭りの場と考える家は、江戸時代に寺院の檀家《だんか》にくみ入れられなかった武家身分の限られた旧家（神道の家）に限られることになる。

仏教の宗派のなかには、家庭内で神をまつることを禁ずるものもある。もっとも、天台宗や真言宗のような神道に寛容な宗派で、位牌をまつる仏壇のほかに家族が信仰する神社のお札《ふだ》を納める神棚をもつ家もある。

仏と神の両方をまつる場合の両者の位置関係は、檀那寺《だんなでら》（菩提寺《ぼだいじ》）の僧侶の考えに従うのがよい。

神棚の祭り方

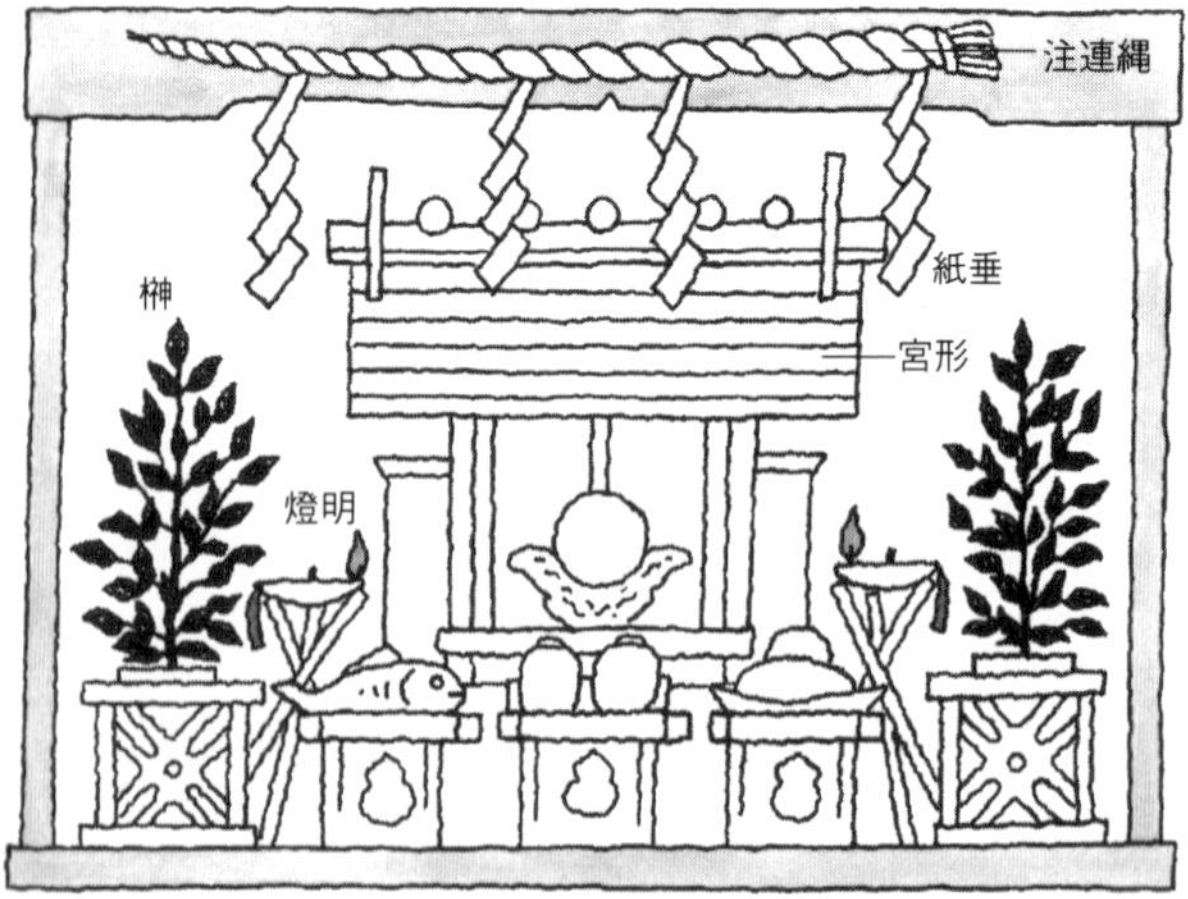

●宮形でお札をまつる時の注意

神道の家では、大麻《たいま》とよばれる伊勢神宮のお札と氏神のお札とを、神社をかたどった宮《みや》形《がた》（「屋代《おやしろ》」「神座《かむくら》」ともよぶ）に納めてまつる。宮形をおく神棚は、家のなかでもっとも見晴らしのよい清らかなところの目の高さ以上の位置に、南方もしくは東方に向けてつくるのがよい。二階建てや三階建ての家に住む場合、人びとが神様の上を歩かないように、最上階に神棚を設ける。

このほかに、先祖の位牌を納めた御霊舎《みたまや》を、神棚の近くの神棚よりすこし低い位置におく。このようにして、家のなかで神をまつる神聖な場所がつくられる。

神棚には、二柱もしくは三柱の神がまつら

神棚と御霊舎の位置関係

宮形の種類

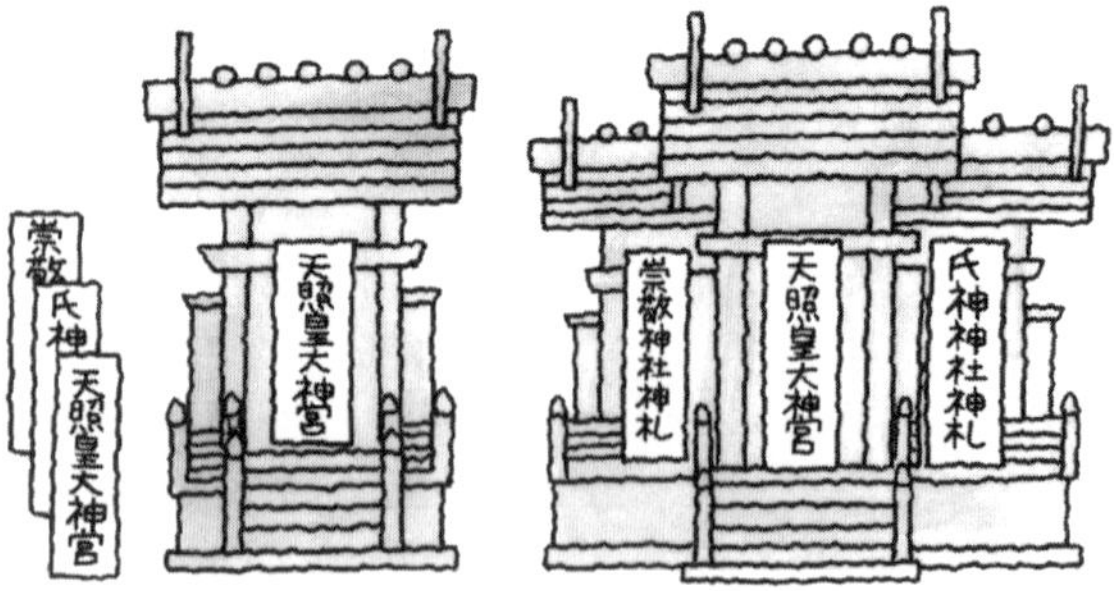

一社造　　　三社造

※上図は、便宜上、お札を宮形の正面に示したが、通常は、お札は扉の中に納められている

れる。この場合、宮形のなかのお札の位置に上下があるので、注意する必要がある。三社造の宮形では、中央が最上位で、そこに天照大神の大麻をおく。次に、向かって右の第二位の位置に、氏神のお札をまつる。向かって左側には氏神のほかに信仰する神社のお札を安置する。

一社造の宮形では、大麻を表面に、氏神とほかに信仰する神社のお札をその裏にするかたちで重ねてまつる。

しかし、特別の思い入れがないかぎり、第三位の神はまつらないほうがよい。自分が居住しない土地の神を氏神の下位におくことになってしまうからである。一家で四柱以上の神をまつるのもよくない。あちこちの神に神頼みすると、どの神も助けてくれなくなるとされるのである。

●毎朝、神棚を拝む

神棚を設けたら、毎朝、そこに洗米、塩、水を入れておまいりする（特別の祭りのときには、御神酒《おみき》、魚、野菜、果物、菓子などを供える）。それらは、神仏具店で売っているお供え用の白い皿と白いお水入れに入れる。そのさい、向かって右側に塩、中央に洗米、左側に水がくるようにする。できれば、供え物を三方《さんぼう》（白木でつくった台）にならべたい。

神棚でも二拝二拍手一拝の拝礼をする。そして、最後の一拝のときにその日の願い事を心に唱える。この毎朝の拝礼は、清らかな気持ちでその日をすごすために行なうものである。日本人は、はるか昔の縄文時代から、目覚めるとともに、まず神をまつり心を清める行為を伝えてきた。

地域社会と祭りのこころ

●なぜ御輿をかつぐのか

全国各地の神社では、一年を通じてさまざまな祭りが行なわれている。それらは、氏子《うじこ》とよばれる地域の住民を担い手としてひらかれるものである。

日本の神は、よくまつればさまざまな利益を与えてくれるが、粗末に扱うと神罰を下すと考えられてきた。そのために、土地を守る神にできるかぎりのもてなしをするための祭りがつくられた。人びとは、人間にとってもっとも楽しいことが、神を楽しませると考えた。そのため、祭りはご馳走《ちそう》を神に供え、神楽《かぐら》などを演じ、御輿《みこし》で神をあちこちおつれするかたちをとる。

●なぜ激しい祭りを行なうのか

大阪府岸和田《きしわだ》市のだんじり祭りや、長野県の諏訪《すわ》大社の御柱祭《おんばしらさい》のように、ときには死傷者を出す激しい祭りもある。こういったものは、荒々しい神（荒《あら》ぶる神）を祭神とする神社の祭りである。荒ぶる神は、人びとの死をも恐れぬ勇壮なふるまいを喜ぶとされる。祭りは、神と人間とがともに楽しむものであった。そのため、近年まで地方では地域の祭りが人びとの最大の楽しみになっていた。

仏教徒は、仏壇をまつり、仏式で葬礼を行なったが、氏神の祭りのときには神道の家の者とともに行動した。祭りにくわわり、正月に土地を守る氏神に初詣でをすることによって、仏教徒も神の恵みを受けるとされたのだ。現在、都会では人びとの宗教ばなれがすすみ、祭りの担い手となる者の減少に悩む神社も出てきている。しかし、人びとが自然の恵みを神に感謝する気持ちを失わないかぎり、祭りがすたれることはないだろう。

神が乗る御輿と山車

●神が町の様子を見てまわる

御輿《みこし》や山車《だし》（「だんじり」ともよぶ）は祭りに欠かせない。神前で神職が行なう祭りが人の目にふれることは少ないが、御輿や山車の巡行は多くの見物人をあつめる。

とくに、祇園祭や高山祭の華やかな山車や岸和田の荒っぽいだんじりの引きまわしはよく知られている。

御輿が練り歩くことを、正式には、「神幸祭《しんこうさい》」とよぶ。それは、「神の出《い》でまし」をあらわす言葉である。神殿に降りてきた神が、その領域に出てこられるのである。

祭りに使う御輿は、もともとは天皇をはじめとする高貴な人が用いた乗り物である。尊い神を最高の乗り物に乗せてお連れしようという考えから、祭りに御輿が使われるようになった。

そして、人間がかつぐ御輿を大型にするかたちで、車で引きまわす山車がつくられた。

祭の基本的な手順

祭りの前……神職や氏子が禊《みそぎ》や精進潔斎《しょうじんけっさい》（身を清めること）をする
↓
神迎え……祝詞《のりと》を読むなどして神の依代《よりしろ》となる神籬《ひもろぎ》、神木《しんぼく》などに神を迎える
↓
宵宮《よいみや》……神殿で迎えられた神に休んでいただく。供え物をして夜通しかがり火を灯す
↓
祭りの当日…神楽《かぐら》を奉納したり、神をお乗せした御輿《みこし》で町を練り歩いたりする
↓
神送り……神の依代を焼くなどして、神に天界にお帰りいただく

●御輿の起源は奈良時代

天平勝宝《てんぴょうしょうほう》元年（七四九）に、宇佐八幡宮の神霊を紫色の輦輿《れんよ》とよばれる輿にお乗せして奈良にお移りねがった（67～69ページ参照）のが、御輿を用いる習俗の起源ではないかといわれている。

祭礼のときには、氏神の神霊をいくつかに分けて、複数の御輿に移す。これによって、多くの御輿を用いて氏子の住む範囲のすみずみまで御輿を持ち込み、すべての者に神の恵みを行き渡らせようとするのである。

御輿が神社に帰ると、神職が神霊を神殿にもどす神事を行なう。このあと、御輿は次の祭りまでのあいだ、御輿庫などに保管される。

春祭りと秋祭りへの人々の願い

●なぜ春と秋なのか

神社では、一年を通じて多様な性格の祭りがひらかれているが、そのなかでもっとも古くから行なわれていたのが、春祭りと秋祭りではないかといわれている。

大部分の神社では、秋祭りのときに大がかりな御輿の巡行を行なう（夏に御輿を出す例は次項で述べる）。

今日の農村の神社の多くは、春祭りと秋祭りとをもっとも重んじる。これは、その二つが農耕と深くかかわる行事であるからだ。

●春祭りと秋祭りは何が違うか

春祭りは、耕作にかかる前に、作物が十分に実ることを願ってひらかれるものである。

この祭りは、神社ごとに祈年祭《としごいのまつり》、御田植祭《おたうえまつり》など呼び名はさまざまである。そして、その多くは神職などの限られた人の手で静かに行なわれる。

それにたいして、新嘗祭《にいなめさい》などの名でよばれる秋祭りにはにぎやかなものが多い。それは本来、収穫のあとで神に感謝をささげるための祭りであるが、農家の人びとはそれをその年の農作業を無事に終えたことを祝う、年に一度の楽しみとしてとらえる。

そのため、秋祭りには、村をあげてのお祭りさわぎが行なわれるのである。

夏祭りと疫病鎮め

●旧暦六月に行なわれる夏祭り

今日では、祭りを夏の風物詩とみる者も多い。真夏のもっとも暑い時期にひらかれる、全国的に知られたにぎやかな祭りが多いからである。そういった祭りの多くは、神社の夏祭りから発展したものである。

夏祭りは、梅雨が明けたかどうかという時期にあたる旧暦の六月にひらかれるものである。現在の暦になおせば、そのころは七月の中旬から下旬にあたるもっとも暑い時期である。神社では、古くから高温多湿で病気にかかりやすいその時期に、疫病しずめの祭りを行なってきた。

それは、もとは社殿のなかで小規模にひらかれていた。ところが、室町時代に京都の八《や》坂《さか》神社（江戸時代までは祇園社《ぎおんしゃ》とよばれた）の夏祭りがさかんになったことをきっかけに、各地の夏祭りが大がかりなものになっていった。

●にぎやかな祇園祭

祇園社では、平安時代から疫病しずめの神である牛頭天王《ごずてんのう》（78ページ参照）がまつられていた。そして鎌倉時代に京都の商工業が発展し、そこに人口が集中したあたりから、京都の住民のあいだの流行病《はやりやまい》への恐れが高まっていった。

これに注目した祇園社が、牛頭天王をまつる大がかりな疫病しずめの祭りを行なうことによって自社の発展をはかろうと考えたのである。そのため、室町時代に華やかな祇園祭の山鉾巡行《やまぼこじゅんこう》の行事が整えられた。

それは、祇園社の神霊を付した鉾《ほこ》を六八本乗せた車を京内をくまなく引きまわすことによって、疫病を起こす霊を退治するものであった。鉾の本数は、全国の国（大和、河内……など）の数に合わせたものである。

この祇園祭の盛行がきっかけで、各地のいくつかの神社の夏祭りが大がかりなものになっていった。そのなかには、博多（福岡県）の祇園山笠《やまがさ》のような祇園祭の名をもつものもある。古代には農村の春祭り、秋祭りが祭りの主流であったが、中世の商工民の成長のなかで、それとは別の都市の夏祭りが発展していったのである。

穢れを清める年二回の大祓

●大祓の起源は律令制時代

神社で行なう神事で、春祭り、秋祭りとならぶ重要なものに大祓《おおはらえ》がある。この大祓は、年に二回、六月と一二月の晦日《みそか》（月の最後の日）に行なわれる、半年分の穢《けが》れを一年の二つの区切りにまとめて清める行事である。

神をまつった古代の農耕民たちは、豊作を神に願うこと、収穫を神に感謝すること、穢れのない清い体で人びとが農業に従事することの三件が、稲作に欠かせないものと考えていた。

祓いは、稲という神聖な作物をつくるために必要なものであった。そこで、古代の朝廷では、春祭りにあたる祈年祭《としごいのまつり》、秋祭りにあたる新嘗祭《にいなめさい》、そして年に二度の大祓とがもっとも重んじられた。

このようないきさつで、今日まで大祓は神社に受け継がれることになった。多くの神社では、神職が神前で大祓祝詞を読むことによって、すべての氏子の罪を清めるかたちがとられている（190〜192ページ参照）。

●「茅の輪くぐり」とは

もっとも、現在でも大祓の日に、紙でつくった人形《ひとがた》に息を吹きかけて神社にもっていき、それを焼いてもらうことによって穢れをはらう習俗がのこっているところもある。

また、「夏越《なごし》の祓《はらえ》」とよばれる六月の晦日の大祓の日に、境内に茅《かや》を束ねてつくった直径三メートル余りの大きな輪を設ける神社もある。参拝者がそれをくぐると、夏に流行する疫病から逃れられるといわれる。

この習俗は、近畿地方から広まったもので、茅《ち》の輪《わ》は蛇をかたどったものといわれる。大神《おおみわ》神社などで蛇が水神としてまつられていることから、この行事は、稲作に雨を必要とする旧暦六月の水神の祭りが大祓のなかにとりこまれてつくられたものとされている。

これまで述べてきたように、神社や神棚をまつる家々では、さまざまなかたちで古代人が行なったものと同じ性格の祭りが受け継がれているのである。

【大祓祝詞《おおはらえのりと》】(神道で最も重んじられる祝詞。現代のものは『延喜式』のものと多少ちがう)

高天原《たかまのはら》に、神留《かむずま》り坐《ま》す、皇《すめら》が親神漏岐《むつかむろき》、神漏美《かむろみ》の命以《みこともち》て、八百萬神等《やおよろずのかみたち》を、神集《かむつど》えに集《つど》え賜《たま》い、神議《かみはか》りに議《はか》り賜《たま》いて、我《あ》が皇御孫命《すめみまのみこと》は、豊葦原水穂国《とよあしはらのみずほのくに》を、安国《やすくに》と平《たいら》けく知《し》ろし食《め》せと事依《ことよ》さし奉《まつ》りき、此《か》く依《よ》さし奉《まつ》りし国中《くぬち》に、荒振《あらぶ》る神等《かみたち》をば、神問《かみと》わしに問《と》わし賜《たま》い、神掃《かむはら》いに掃《はら》い賜《たま》いて、語問《こととと》いし磐根《いわね》、樹根立《きねたち》、草《くさ》の片葉《かきは》をも語止《ことや》めて、天《あめ》の磐座放《いわくらはな》ち、天《あめ》の八重雲《やえぐも》を、伊頭《いつ》の千別《ちわ》きに千別《ちわ》きて、天降《あまくだ》し依《よ》さし奉《まつ》りき、此《か》く依《よ》さし奉《まつ》りし四方《よも》の国中《くぬち》と、大倭日高見《ひたかみ》の国を安国《やすくに》と定《さだ》め奉《まつ》りて、下《した》つ磐根《いわね》に宮柱太敷き立て、高天原《たかまのはら》に千木高知《たかし》りて、皇御孫命《すめみまのみこと》の瑞《みず》の御殿仕《みあらかつか》え奉《まつ》りて、天《あめ》の御蔭《みかげ》、日《ひ》の御蔭《みかげ》と隠《かく》り坐《ま》して、安国《やすくに》と平《たいら》けく知《し》ろし食《め》さむ国中《くぬち》に成《な》り出《い》でむ天《あめ》の益人等《ますひとら》が、過《あやま》ち犯《おか》しけむ種種《くさぐさ》の罪事《つみごと》は、天《あま》つ罪《つみ》、国《くに》つ罪《つみ》、許許太久《ここだく》の罪出《つみい》でむ、此《か》く出《い》でば、天《あま》つ宮事以《みやごともち》て、天《あま》つ金木《かなぎ》を本打《もとう》ち切《き》り、末打《すえう》ち断《た》ちて、千座《ちくら》の置座《おきくら》に置《お》き足《た》らわして、天《あま》つ菅麻《すがそ》を本刈《もとか》り断《た》ち、末刈《すえか》り切《き》りて、八針《やはり》に取《と》り辟《さ》きて、天《あま》つ祝詞《のりと》の太祝詞事《ふとのりとごと》を宣《の》れ。

此《か》く宣《の》らば、天《あま》つ神《かみ》は天《あめ》の磐門《いわと》を押《お》し披《ひら》きて、天《あめ》の八重雲《やえぐも》を伊頭《いつ》の千別《ちわ》きに、千別《ちわ》きて聞《き》こし食《め》さん、国《くに》つ神《かみ》は高山《たかやま》の末《すえ》、短山《ひきやま》の末《すえ》に上《のぼ》り坐《ま》して、高山《たかやま》の伊褒理《いほり》、短山《ひきやま》の伊褒理《いほり》を掻《か》き別《わ》けて聞《き》こし食《め》さむ、此《か》く聞《き》こし食《め》してば、罪《つみ》と言《い》う罪《つみ》は在《あ》らじと、科戸《しなど》の風《かぜ》の天《あめ》の八重雲《やえぐも》を吹《ふ》き放《はな》つ事《こと》の如《ごと》く、朝《あした》の御霧《みぎり》、夕《ゆうべ》の御霧《みぎり》を、朝風夕風《あさかぜゆうかぜ》の吹《ふ》き祓《はら》う事《こと》の如《ごと》く、大津辺《おおつべ》に居《お》る大船《おおふね》を、舳解《へと》き放《はな》ち、艫解《ともと》き放《はな》ちて、大海原《おおうなばら》に押《お》し放《はな》つ事《こと》の如《ごと》く、彼方《おちかた》の繁木《しげき》が本《もと》を、焼鎌《やきがま》の敏鎌《とがま》以《も》ちて、打《う》ち掃《はら》う事《こと》の如《ごと》く、遺《のこ》る罪《つみ》は在《あ》らじと、祓《はら》え給《たま》い清《きよ》め給《たま》う事《こと》を、高山《たかやま》の末《すえ》、短山《ひきやま》の末《すえ》より、佐久那太理《さくなだり》に落《お》ち多岐《たぎ》つ、速川《はやかわ》の瀬《せ》に坐《ま》す瀬織津比売《せおりつひめ》と言《い》う神《かみ》、大海原《おおうなばら》に持《も》ち出《い》でなむ、此《か》く持《も》ち出《い》で往《い》なば、荒潮《あらしお》の潮《しお》の八《や》百道《おじ》の八潮道《やしおじ》の潮《しお》の八百会《やおあい》に坐《ま》す速開都比売《はやあきつひめ》と言《い》う神《かみ》、持《も》ち加加呑《かかの》みてむ、此《か》く加加呑《かかの》みてば、気《い》吹戸《ぶきど》に坐《ま》す気吹戸主《いぶきどぬし》と言《い》う神《かみ》、根国《ねのくに》、底国《そこのくに》に気吹《いぶ》き放《はな》ちてむ、此《か》く気吹《いぶ》き放《はな》ちてば、根国《ねのくに》、底国《そこのくに》に坐《ま》す速佐須良比売《はやさすらひめ》と言《い》う神《かみ》、持《も》ち佐須良《さすら》い失《うしな》いてむ、此《か》く佐須良《さすら》い失《うしな》いてば、罪《つみ》と言《い》う罪《つみ》は在《あ》らじと、祓《はら》え給《たま》い清《きよ》め給《たま》う事《こと》を、天《あま》つ神《かみ》、国《くに》つ神《かみ》、八百萬神等共《やおよろずのかみたちとも》に聞《き》こし食《め》せと白《もう》す。

要約　高天原におられる皇室の祖先神たちが、多くの神々をあつめて話し合った。その結果、天皇家に日本を治めさせようとする決定がくだった。この決定により、荒ぶる神を従えたのちに天皇家を起こした瓊瓊杵尊《ににぎのみこと》が地上にお降りになり、人びとを治めることになったのである。以来、皇室は自らの手で多くの供え物を神々にささげ、祝詞を唱える祭りをひらいた。そうすることによって、日本中の人びとが犯した天《あま》つ罪《つみ》、国《くに》つ罪《つみ》をはじめとする罪を清めようとしたのである。皇室が願ったのは次のようなことである。
天の神よ、地の神よ、どうかこの国のなかに一つも罪をのこさないように、罪を海の果てまで運び、そこから地の底の根の国におろして、そこですべての罪を消してください。
多くの天の神、地の神よ、どうかすべての罪を祓い清めてください。

【最要祓《さいようはら》い】（大祓祝詞の簡略形）
高天原《たかまのはら》に神留《かむず》まり坐《ま》す、皇《すめら》が親神漏岐《むつかむろき》、神漏美《かむろみ》の命《みこと》を以《もち》て、天《あま》つ祝詞《のりと》の太祝詞事《ふとのりとごと》を宣《の》れ。此《か》く宣《の》らば、罪《つみ》という罪《つみ》、咎《とが》という咎《とが》は在《あ》らじ物《もの》をと、祓《はら》え給《たま》い清《きよ》め給《たま》うと白《もう》す事《こと》の由《よし》を、諸々《もろもろの》神の神達《かみたち》に、左男鹿《さおしか》の八《や》つの耳《みみ》を振《ふ》り立《た》てて、聞《き》こし食《め》せと白《もう》す。

要約 多くの神々よ、高天原におられる皇室の祖先神の定めた祝詞によって、すべての罪や咎《とが》を清めてください。

【最上祓《さいじょうはら》い】（さらに簡略したもの）

高天原天《たかまのはらあま》つ祝詞《のりと》の太祝詞《ふとのりと》を持《も》ち加加《かか》む呑《の》んでむ。祓《はら》え給《たま》い清《きよ》め給《たま》う。

訳 神々が高天原のありがたい祝詞によって、祓い清めてくださいます。

※最も簡略化された「罪《つみ》と言《い》う罪《つみ》は在《あ》らじと祓《はら》え給《たま》い清《きよ》め給《たま》う」（神々がすべての罪をなくすように祓い清めてくださいます）を使うこともある。

【祓詞《はらえことば》】（現代の神事で多く用いられるもの）

掛《かけ》まくも畏《かしこ》き伊邪那岐大神《いざなぎのおおかみ》、筑紫《つくし》の日向《ひむか》の橘《たちばなの》小戸《おど》の阿波岐原《あわぎはら》に御禊祓《みそぎはら》え給《たま》いし時《とき》に生《なり》ませる祓戸《はらえど》の大神等《おおかみたち》、諸々《もろもろ》の禍事罪穢《まがごとつみけがれ》有《あ》らんをば、祓《はら》え給《たま》い清《きよ》め給《たま》えと白《もう》す事《こと》を聞《き》こし食《め》せと恐《かしこ》み恐《かしこ》みも白《もう》す。

要約 伊邪那岐大神が筑紫の日向の橘小戸の阿波岐原で御禊祓いをされたときに生まれた祓戸の神々よ、さまざまな罪穢れを清めてください。

7章

死とは何か?生とは何か?神道の行事が教えるもの

●冠婚葬祭と年中行事の中の神道――

神前結婚式の起こりは意外に新しい

●結婚と葬礼は神道的にも特別

人生のさまざまな儀礼のなかで日本人は、古くから冠《かん》・婚《こん》・葬《そう》・祭《さい》を重んじてきた。そのなかでもとくに、結婚と葬礼とが家をあげての大がかりな行事とされた。

結婚は、男性と女性とが結びついて新しい生命をつくり出す、神道が最上のものとする「産霊《むすひ》」の行為を意味した。そして、葬礼は、人間がその役割を終えて神々の世界へ帰っていくめでたい節目とされたからである。

古くは、神道の結婚式は家庭で行なわれた。それは、家を守る神の前で、新郎と新婦とがともに生きることを誓い、そのあとで神々を家に迎えて家族、親戚や近隣の住民とともにご馳走《ちそう》を食べて二人を祝福するものであった。

●明治時代に盛んになった神前結婚式

結婚は、本来は家のなかで完結する行為であったが、明治時代以後に神社で行なう神前結婚式がさかんになった。それは、明治三三年（一九〇〇）に宮中の賢所《かしこどころ》（天照大神《あまてらすおおみかみ》をまつるところ）で行なわれた皇太子（のちの大正《たいしょう》天皇）と節子姫《さだこひめ》との婚礼のありさまが報道されたことをきっかけとするものである。

「皇太子殿下のようにおごそかに神前で結婚式をあげてみたい」という声が広まるなかで、翌三四年に東京の日比谷《ひびや》大神宮（現在の飯田橋にある東京大神宮）が一般国民を対象に、大神宮の神前で模擬結婚式を行なった。これがきっかけになって、あちこちの神社が神前結婚式を行なうようになったのである。

神前結婚式は、新郎新婦が御神酒《おみき》をいただき、そのあとで誓いの言葉を神に述べる行事を中心に組み立てられている。それ以外の式次第は、神前で神職に祭りを頼むときの神事とたいして変わらない。

●「三三九度」の正しい作法

神前結婚式では、新郎・新婦が神前にならんで座り、その左右に媒酌人《ばいしゃくにん》がつく。そして、かれらと神座《しんざ》とのあいだに神職がならぶ。

斎主《さいしゅ》をつとめる神職が祝詞《のりと》を読み上げたのちに、次のような「三三九度」とよばれる御神酒を受ける三献《さんこん》の儀が行なわれる。巫女《みこ》から盃《さかずき》を受けた新郎が、まずそれを三口でいただく。そして、新郎が盃を返したのちに新婦が盃をもらい、それを三口でいただく。

神前結婚式の図

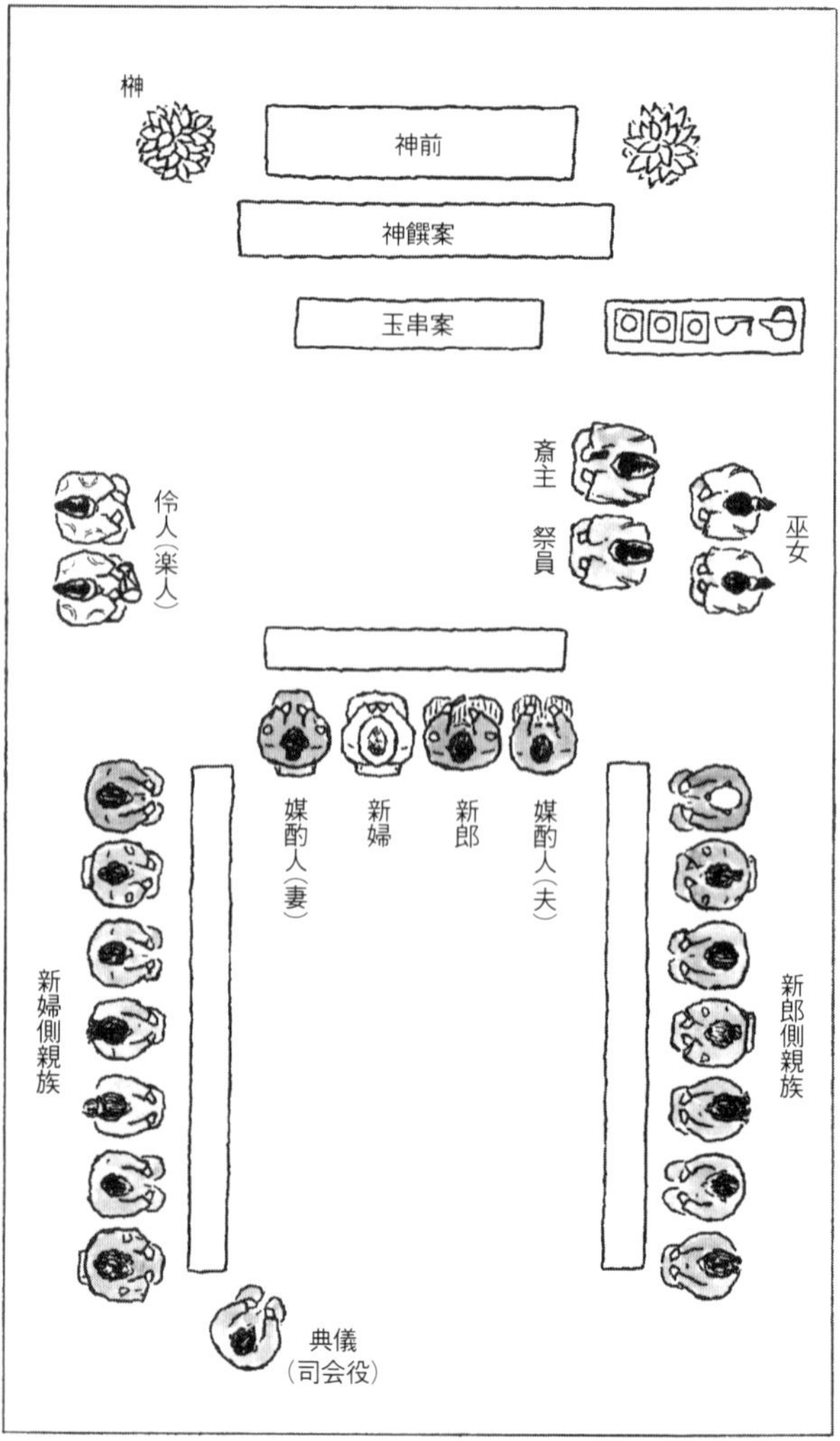

ついで、新婦、新郎の順で同様の作法を行ない、さらに、新郎、新婦の順でそれをくり返す。このように、三口で御神酒を飲む行為を三度くり返し、九回盃を口にはこぶことによって三献の儀はとどこおりなく終わる。三口で酒を飲むときには、一口目、二口目は盃に口をつけるだけで、三口目で酒を飲みほす。

このあと、新郎と新婦が席を立ち、ならんで神前にすすむ。そして、新郎が神職から渡された誓詞《せいし》をまず読み上げ、最後に自分の名前を読む。それにつづいて新婦が自分の名前を読む。これが終わると、二人は神を二拝二拍手一拝で拝み、席にもどる。ついで、神職と新郎、新婦、参列者が玉串《たまぐし》をささげる行事などがあり、式はとどこおりなく終わる。

人類の繁栄をもたらす結婚は、両家にとっても社会全体にとっても大きな祝い事になるので、この神前の式のあとで、婚儀を祝うにぎやかな宴会がひらかれる。

神道の死生観と神葬祭

●神の世界に帰る祝いの儀式

神道は、人間の死を神道の基本である「産霊《むすひ》」を重んじる考えにもとづいて説明する。

死者の霊魂は神となり、子孫を見守り、その繁栄をもたらす「産霊」の行為を助けるというのである。

江戸時代に外宮《げくう》の神職をつとめた中西直方《なおかた》という者の、次の和歌がある。

日《ひ》の本《もと》に生れ出《い》でにし益人《ますびと》は、神より出《い》でて神になるなり

（日本に生まれた人びとは、神の世界から来て、神の世界へ帰っていく）

これは、神道の死生観をうまく詠《よ》みこんだものだとされる。

身近な親族が亡くなることは、のこされる者の身にとってはたいそう悲しい。しかし、その親族はそれまでよりはるかに幸福な境遇になっている。それならば、祝福をこめて栄転する者を見送るようなかたちで、死者との別れを告げようではないか。こういった考えにもとづいて、神葬祭《しんそうさい》はつくられている。

自殺を大罪とする宗教も多いが、神道では、自殺者の霊魂も不慮の事故や犯罪の犠牲になって亡くなった者の魂も、ともに神になるという。つまり、恨みをもって死んだ者が地縛霊《じばくれい》になって永遠に祟《たた》るという発想は、本来の神道にはない。

●神葬祭が江戸後期に始まった理由

今日のような形式の神葬祭がつくられた時期は、比較的新しい。古代には村落の共同体

で、神道の考えにもとづく葬礼が行なわれていたとみられる。しかし、中世に庶民に仏教が普及していったことによって、葬祭は僧侶の手にゆだねられるようになった。

さらに、江戸時代の寺請《てらうけ》制度によって、檀那寺《だんなでら》が大部分の庶民の葬礼と墓の管理を行なうようになった。そのあと、民衆の幕府の諸制度にたいする疑問が出はじめた江戸時代後半になって、ようやく国学にもとづく日本固有のものを重んじるべきだとする一部の神職の手で、神葬祭がひらかれるようになった。

そして、明治時代に入って寺院の管理を受けない共同墓地がつくられ、神職が神道の家の神葬祭を行なうことが一般的になっていった。

●拍手を打たない拝礼

神葬祭の形式は、地方ごと神社ごとにまちまちである。しかし、その基本形は、死者の棺《かん》の前で神前で行なう祭りと同じ形式の死者の祭りをひらくものであるといえる。

神葬祭では、仏葬と同じく、通夜と告別式とが行なわれる。それらの中心となるのは、次のような行事である。

斎主をつとめる神職が祭詞《まつりごと》とよばれる祝詞を読み上げる。ついで、斎主が玉串をささげて座にもどり、それにつづいて喪主が玉串をささげる。

神葬祭の図

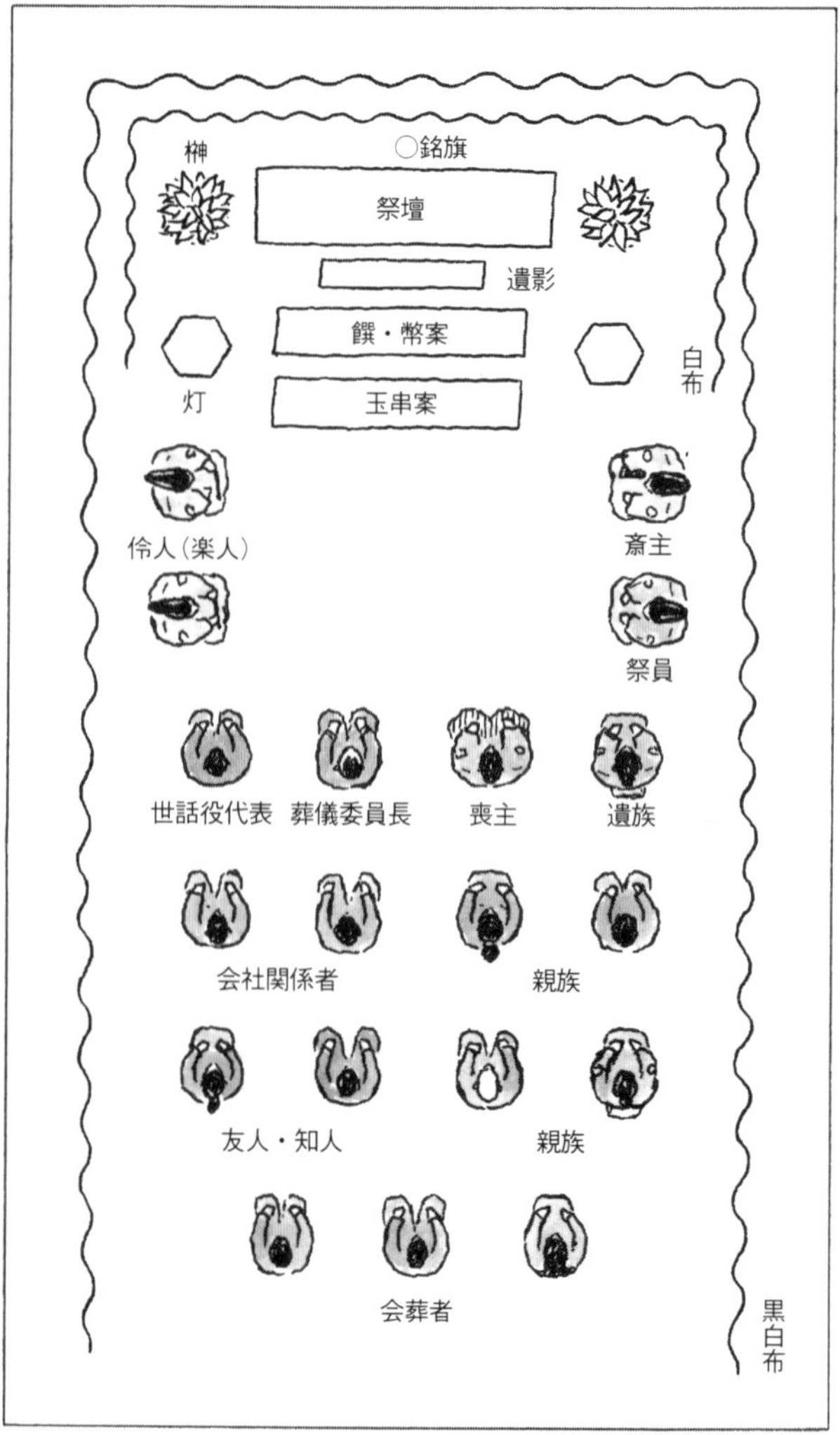

榊
○銘旗
祭壇
遺影
饌・幣案
白布
灯
玉串案
伶人（楽人）
斎主
祭員
世話役代表
葬儀委員長
喪主
遺族
会社関係者
親族
友人・知人
親族
会葬者
黒白布

このあとで参列者が、死者との血縁の濃い順に一人ずつ棺の前に出て玉串をささげていく。玉串をささげるさいは、二拝二拍手一拝の礼ではなく、頭を深々と下げる礼を行なう。そして、その礼のときに心のなかで死者への別れのあいさつを述べる。

一般の参列者は玉串をささげ終われば帰ってよいが、喪主と親しい者はその場に残って、葬礼を終えたあと、死者の親族とあれこれ思い出話をするのがよい。

この神葬祭では、玉串をささげ終わるまでは静粛を保たねばならないが、葬礼のあとは楽しく語り合って、死者を明るく見送るのがよいとされている。

神道における先祖供養とは

●神道では死者はいつ神になるか

神道の冠婚葬祭にかかわる行事は、万物が生き生きと栄えることを最上のものとみなす「産霊《むすひ》」の考えにもとづいてつくられてきた。「冠」にあたる子供の成長を祝う行事は、子供が健康に育つことが家の喜びであり社会全体の喜びだとする考えにもとづいてつくられている。

そして、祖先供養である「祭」の行事も、本来は亡くなった祖先をなぐさめるものではなく、神となった祖霊に自分たちの繁栄をつくり出してもらうための行事であった。これは、祖先が極楽に行くために仏事を行なう仏教徒とはまったく異なる発想にもとづくものである。

死者が亡くなった日から五〇日目に、五十日祭を行なうことによって葬礼は一通り終わる。これによって、死者は、死にまつわるすべての穢れを清めて神になる。その後、死者の霊魂は、ほかの祖霊をまつっていた家のなかの御霊舎《みたまや》にあわせまつられる。これによって死者は、神々の世界に帰っていったことになる。そのあとかれは、祖霊集団の一員として家を守る神になる。

●先祖の供養はどう行なうべきか

このあと、個々の死者の式年祭《しきねんさい》を行なう場合もある。亡くなった日の一年後、三年後、五年後、一〇年後、二〇年後、三〇年後、四〇年後、五〇年後に祭りを行なうのである。しかし、二〇年も三〇年もたてば死者の生前のありさまを覚えている者がいなくなることもある。そこで、故人のためには一年祭だけをひらき、それ以外の式年祭を省略することも多い。そうした家では、一定の日を決めて神職を家に招き神棚の前ですべての祖先の供養をまとめて行なう。

祖霊祭りは毎年、春と秋にきっちりひらくのもよいだろうが、三年か五年に一度にしておくのもよい。祖霊祭りは、神社での祈願と同じ玉串をささげる行事を中心とする簡単なものだが、その行事は祖霊祭りの機会に家族や親戚があつまり、ご馳走を食べて親睦を深めることに重点をおくものといえる。

神道のお墓に対する考え方

●祖先の霊はどこにいるのか

現在、神道の祖先の祭りは、御霊舎《みたまや》と墓との両方で行なわれている。そこで、「ご先祖の霊魂は墓にいるのか、御霊舎にいるのか」という疑問が生まれてくる。古代には、一つの村落の住民がまとめて、自分たちが神々が宿る山とする神聖な山のふもとに墓所をつくっていた。そのころは、墓所は神の世界の入り口にすぎなかった。つまり、祖霊はふだんは神々があつまる山に住み、おりをみて家を訪ねてくると考えられていた。

ところが、江戸時代に幕府が、寺院に檀家《だんか》の葬礼をとりしきらせ、墓地を経営させるようになった。これによって、すべての庶民の名前が檀那寺《だんなでら》に把握されることになった。この寺請《てらうけ》制度は、江戸幕府の全国支配を助けるものであった。しかし、葬礼のたびに寺院に多額の布施《ふせ》を払うことに反発する者もいたため、明治時代には寺院と関係なしにあちこちに共同墓地がつくられるようになった。こうして、神道が考える神の住む世界と墓地とが切り離されてしまったのである。

こうなると、「墓地は先祖の遺骨を便宜的に納めておくものにすぎない」と考えるほかなくなる。祖霊は、ふだんは自分のお気に入りの清らかな山や海にいるのである。そして、家庭で神をまつるとき、御霊舎にやって来る。

●神道の墓参りの正しい作法

たとえ家のなかで祖霊をまつるとしても、墓地を大切に思う気持ちは祖霊に伝わる。そこで、日を決めて墓参してそこを清浄に保つように心がけるべきである。月に一度墓参してもよい。春と秋のお彼岸に行くのも、もっとも新しい死者の命日に行くのもよい。

仏教徒の墓地にかんする考えもこれに近い。あの世にいる祖先の霊が、盆や彼岸にこの世に帰ってくるので、仏教徒はその時期に墓参をする。そして、平素は仏壇で祖先をまつるのである。

遺骨は、五十日祭に近い適当な日に埋葬するのがよい。このときは、神職をよんで墓前で玉串をささげる、簡単な埋葬祭《まいそうさい》を行なう。墓参のときには、墓のまわりを掃き清め、たわしと水を用いて墓の汚れを落とす。

そのあとで、墓石の上部にていねいに水をかけ、神棚をまつる要領で（181ページ参照）墓前に水、洗米、塩を供える。ついで、二拝二拍手一拝を行ない墓参を終える。墓にも、神社や神棚、御霊舎にたいするのと同じ方法で敬意をあらわすのである。

子供の成長を祝うお宮参りと七五三

●「お宮参り」はなぜ欠かせないか

ここでは冠婚葬祭のなかの「冠」にあたる神道の行事をみていこう。

近代以前には、子供が成人以前にさまざまな病気で亡くなることが多かった。そのため、子供が育っていく節目ごとに、人々があつまってその成長を祝う行事がつくられていった。

お宮参りは、生後三〇日前後に行なわれる、新たに生まれた子供を氏神《うじがみ》に参拝させる行事である。これによって、その子は氏子の一員として土地を守る宴会をひらく風習もある。これは、初誕生までの不安定な時期の子供をみんなで見守ろうとする考えからなされたものであり、その子は神の守りを受けることになるとされる。

このお宮参りにあたって、母方の実家からお宮参り用の晴れ着が子供に贈られる。子供を抱いて神社に連れて行くのは祖母の役割とされた。お宮参りのあと、家では祝い膳が設けられ、親戚や近隣の人たちがあつまって生児を祝福する。

このほかに、男児なら五月五日、女児なら三月三日の初節句や初正月、生後一年目の初誕生のときに親戚や近隣の者を招いて祝いの宴をひらく風習もある。

●「七五三」は江戸時代に始まった

そして、初誕生のあとの、子供の成長の節目となるのが七五三である。これは、家々で独自に行なっていた子供の安全を神に祈る行事が、年中行事に変わったものである。古い時代には、男児は三歳、五歳のころ、女児は三歳、七歳のころ病気にかかりやすいとされたのだ。

現在では一一月一五日が「七五三の日」とされ、その日に三歳と五歳の男児、三歳と七歳の女児が晴着をつけて親とともに神社に参拝する。この宮参りのあとに、祝い膳を設けて人びとを招いたり、千歳飴《ちとせあめ》その他の縁起物を近所に配る場合もある。

七五三がいまのようなかたちになったのは江戸時代である。それまでは、地域ごとにさまざまなかたちで、幼児から子供に育ったことをみんなで祝う行事がひらかれていた。

年神様を迎える賑やかな正月行事

●「歳神様」が「年神様」に

今日の日本で行なわれている伝統的な年中行事のなかには、古い時代につくられた神事の流れをひくものがきわめて多い。そうでない外来のものであっても、日本に根づいた行事はすべて古来の神事と融合したうえで受け継がれてきた。

中国のものであった桃の節句や端午《たんご》の節句は、日本の農耕行事と結びつけられた(くわしくは後で述べる)。また、前に述べた盂蘭盆《うらぼん》や彼岸のように、仏事が日本古来の祖霊の祭りと結びついたものもある。

正月行事は、日本の農耕社会のもっとも重要な祭りであった。古代には、一年の二回の節目にあたる一月一日と七月一日に、祖霊が人間の世界にやってくるとされた。

この祖霊は、豊作をもたらす農耕神で、「歳神様《としがみ》」とよばれた。「とし」とは稲の実りをあらわす古代語である。しかし、七月一日の祭りは飛鳥時代(七世紀)のころから次第にすたれていった。

のちに七月一日の祖霊祭りが盂蘭盆に変わり、一月一日の「歳神様」の祭りが大がかりなものになっていった。そして、一月一日に年が変わることから「歳神様」の語は「年の変わり目に訪れる神」を意味する「年神様」に変わっていった。

●新年を迎えるにあたっての心構え

今日の正月行事の原形はきわめて古い時代につくられたものである。それは、家のなかに年神様をお迎えして、ご馳走をつくり、さまざまな芸能をみせてもてなすものであった。

年末に行なわれる大掃除は、家のなかを清めて神様を気持ちよく迎えるためのものである。そして、そのあと前に述べた大祓によって、人間の穢れを落として清らかななかに神様をお迎えする。

大晦日に風呂に入って体をきれいにして正月を迎えようとする発想は、祓いを重んじる考えからつくられたものだ。そして、人々は正月がくる前に、家の門口に神様が降りてくる目印となる門松《かどまつ》を立てる。

現代の年末年始の行事の日程

12月13日	（すすはらい）、（松迎え）
20日ごろまで	歳暮をおくる
10日～25日ごろ	忘年会、クリスマスパーティー、歳の市
25日ごろ	（餅つき）
28日～30日	松飾りを出す
31日	（大祓）、年越しそばなどの年越しのご馳走
1月　1日	（若水汲み）、御屠蘇、御節、初詣で、お年玉
2日	書き初め、初荷、*初売り
2日夜	初夢
2日・3日	年始まわり
4日	官庁御用始め
6日	松納め
7日	七草がゆ
1日～7日	七福神詣で
11日	鏡開き
10日～20日ごろ	新年会
14日か15日	どんど（とんど）焼き

＊1日に行なうところもある
※（　）内の行事は、現代ではあまり行なわれなくなっている

●年神様とともに楽しむ正月

元日には、御屠蘇《おとそ》、鏡餅、御節《おせち》料理などの最高のご馳走を神に供える。そして、人びとはそのお下がりをもらうことによって、神とともに食事をする。

もとは、健康を願って子供たちに与えた神前に供えた餅のお下がりが「御年玉（年神様の魂）」とよばれていた。しかし、いまはお年玉の名で現金を与えるようになった。

かつて、正月には獅子舞《ししまい》、猿回し、三河漫才《みかわまんざい》などさまざまな芸人が家々を訪れた。これらは、年神様を喜ばせる芸を演じるものであった。

このようなにぎやかな神と人とがともに楽しむ正月の神事が終わったのちに、門松を納めて祭りを終える。

神道の祓いだった節分

●節分は年に四回行なわれていた

今日、各地の有力な神社では、大がかりな節分《せつぶん》の行事が行なわれている。これは、神道の正月行事から分かれるかたちでつくられたものである。

現代では、節分の行事は立春《りっしゅん》の前日の夜だけに行なわれている。しかし古代においては、立春、立夏《りっか》、立秋《りっしゅう》、立冬《りっとう》の前日に、その季節にたまった穢《けが》れを祓《はら》う節分の行事が行なわれていた。

つまり、もとは年に四回節分行事がひらかれていたのであるが、やがて、そのなかの三つがすたれ、もっとも大切な季節である春を迎える直前の節分行事だけがのこされた。

●なぜ「豆」を投げるのか

古代では、節分の日に白米を神に供えたのちに、それをまくことによって厄《やく》が祓われると考えられていた。しかし、奈良時代に中国で節分の日に行なわれた追儺《ついな》という行事が日本にとり入れられた。

追儺とは、災厄をもたらす悪い霊を追い払う行事である。中国では、陰陽五行説《いんようごぎょうせつ》にもとづいてその日に豆を用いて悪いものを退ける呪術が行なわれた。陰陽五行説では、豆や桃などの硬い実は「木《もっ》、火《か》、土《ど》、金《ごん》、水《すい》」の「金」を象徴するものとされる。そして、それは刀剣などと同じく悪いものを退ける性質をもつという。

この考えによって、黄泉国《よみのくに》を訪れた伊奘諾尊《いざなぎのみこと》が桃の実を投げて黄泉国の雷神を追い払ったとする神話や、桃から生まれた桃太郎が鬼退治をする物語がつくられた。

中国の追儺の習俗にならって、日本の節分行事は米をまくものから豆をまくものへと変わった。そして、豆は鬼の目を打つ「魔目」であり、「魔滅《まめ》」の役割をもつといわれるようになった。

節句の起源は、農村の神事

●古代宮廷の宴会行事

よく知られた年中行事のなかに、桃の節句、端午《たんご》の節句などの「節句」と書かれるものがいくつかある。この節句は「一年のうちの竹の節《ふし》のように大切な変わり目の日」をあらわす言葉であった。

「節句」を「節供」と書くこともあるが、「節供」とは、本来は「節句の日の神への供え物」をあらわす言葉であった。

古代の朝廷では、正月七日、三月三日、五月五日、七月七日、九月九日に貴族をあつめた大がかりな宴会を中心とする行事がひらかれていた。正月七日は七草がゆ、七月七日は七夕につながるものであるが、今日では菊花《きくか》の宴《えん》などとよばれる九月九日の重陽《ちょうよう》の祭りはすたれてしまった。このような節句は、日本で古くから行なわれた農村の行事をもとに整えられたものである。

●ひな祭りと端午の節句の起源

ひな祭りは、古代の春の祓いの行事から起こったものである。旧暦の三月は、いまの暦の四月から五月はじめにかけての花が咲きみだれるさわやかな季節である。

人びとは、そのころにあつまって川や海岸で水浴びをし、冬のあいだにたまったあかを落として身を清めた。このあと、穢れを落とした人びとにより、野原や海岸で神をまつる宴会が行なわれる。

端午の節句は、現在の梅雨入りの時期に田の神をまつる行事から起こった。その田に村落の女性があつまって小屋や神社の拝殿にこもって神をまつったのちに、お供えのお下がりをいただいて宴会をひらいたのである。

ひな祭りも五月の節句も、古代の農村の人びとが楽しんで行なった神事であったが、奈良時代には、宮廷で農村のものと異なる中国風の行事が行なわれるようになった。そして、中世以後に宮廷の祭りの一部が民間に広がり、ひな人形や五月人形がつくられるようになった。

歳の市と酉の市の賑わい

●日本人はなぜ年末を楽しむのか

日本では、年末に楽しい行事が集中する。お歳暮のやりとり、忘年会、それに歳末の大安売りや福引きなどである。前に述べたように、クリスマスパーティーやクリスマスプレゼントも、これに似たものとみてよい。考えようによっては年末の宝くじも、年末の行事の一つになる。神道では、人びとが幸福にすごすことが神々を喜ばせるとする考えがとられる。そのため人びとは、みんなで幸福な気持ちになって、正月に訪れる年神様を迎えようと考えたのだ。

年末の贈り物は、その年にあれこれ世話になった者を幸福な気持ちにするために行なわれ、宴会はみんなが明るくなるためにひらかれる。かつて、商家では、珍しい品物を年末に破格の安値で売った。お客を喜ばせるためである。福引きは、神に幸運を授かることで楽しい気持ちになりたいという考えによって行なわれた。そのため年末の商業地は、安い品物や福引きなどの幸運を求める人びとによって、年に一度のにぎわいをみせる。

●酉の市はなんのために始まったか

こういったにぎわいは、各地で行なわれた歳《とし》の市《いち》のあり方を受け継ぐものである。かつて、あちこちに年末の決まった日に、正月の用品や縁起物やさまざまな特売品をならべた歳の市が立っていた。その日に合わせて遠くから来る者もおり、歳の市は買い物を楽しむ特別の日となっていた。

すでにすたれた歳の市は多いが、東京・浅草寺《せんそうじ》の羽子板《はごいた》市や世田谷のボロ市は、その系譜をひくものである。歳の市から分かれた特別なものに、一一月に鷲《おおとり》神社で行なわれる酉《とり》の市《いち》（おとりさま）がある。これは、江戸時代に江戸の町から広がったものだ。初酉の日を一の酉といい、順次に二の酉、三の酉とよぶ。

その日には、縁起物の熊手《くまで》などを売る露店が多く出る。商家はこれを買って帰り、店に飾って商売繁盛を祈る。

日本には、これまで述べてきたような多くの神道にもとづく儀式や年中行事がひらかれているが、それらはすべて「神と人とがともに楽しもうとする」考えにもとづいてつくられた。それゆえ、古代以来受け継がれた日本の伝統行事の多くは、形式的な堅苦しいものではなく、誰にも親しみやすい親戚や近隣の交流の場となったのである。

いま、神道に何が求められるか——あとがき

これまで述べてきたように、神道は日本の古代人の生き方をそのまま受け継ぐかたちで、つくり上げられ、伝えられてきた。そこには、文化人類学者が「精霊崇拝」と説明する、あらゆるものに神をみる太古の信仰がのこされている。

なぜ、そのような神道が、文明が発達し、科学万能の時代になっても受け継がれてきたのだろうか。それは、「神様がいる」とまではいわなくとも、これまで多くの人たちが「神をまつり、自然を大切にして、人間どうしが信頼しあって助けあう世界がのぞましい」と考えたことによるものではあるまいか。

私たち日本人が、この気持ちをもちつづけ、「日本人らしさ」を大切にしつづけるかぎり、日本はしだいによい方向に向かっていくのではあるまいか。

神道では、人びとが笑顔で楽しくすごすことが最大の美徳で、男女の自由な愛が将来の人類の繁栄をもたらすとされる。そして、政治家には、多くの人が求める民のための政治をするようにすすめ、スポーツマンには、勝つことよりも堂々と戦うことを、学者には、空理空論ではなくみんなの役に立つ学問をせよとすすめる。

〝神道〟というと、日本人のなかには「何かこわいもの」「近寄りがたいもの」というイメージをもつ方もおられるだろう。しかし、本書で述べてきたように、それは神道を正しく理解していないことから起こる誤解である。

誰もが神道の発想にたって生きることができれば、世の中はきっと明るくなる。神道をつくった古代人たちは、よけいな科学文明に毒されていない、生きかたの天才であったのかもしれない。本書をまとめ終えたいま、あらためて神道の広範性と柔軟性に驚き、この信仰が次代の日本にもたらす可能性に期待している。

本書は、２００３年７月に同タイトルで刊行されたＫＡＷＡＤＥ夢新書の新装版です。

日本人なら知っておきたい神道

2020年3月20日　初版印刷
2020年3月30日　初版発行

著者◉武光 誠

企画・編集◉株式会社夢の設計社
東京都新宿区山吹町261　〒162-0801
電話 (03)3267-7851(編集)

発行者◉小野寺優

発行所◉株式会社河出書房新社
東京都渋谷区千駄ヶ谷2-32-2　〒151-0051
電話 (03)3404-1201(営業)
http://www.kawade.co.jp/

DTP◉大文社

印刷・製本◉中央精版印刷株式会社

Printed in Japan　ISBN978-4-309-50401-8